メコンデルタの旅芸人

木村 聡

コモンズ

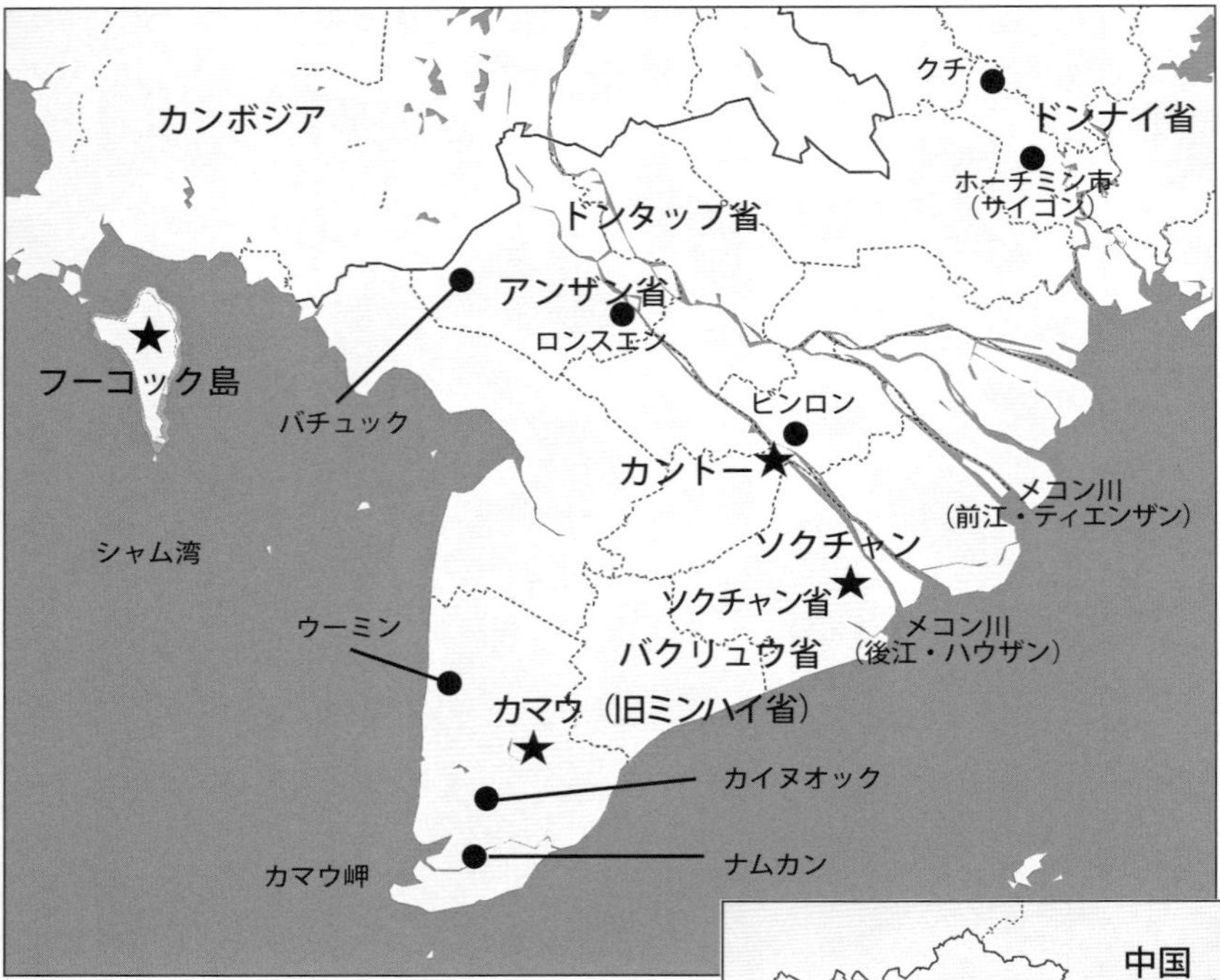

カンボジア
クチ
ドンナイ省
ホーチミン市
（サイゴン）
ドンタップ省
アンザン省
ロンスエン
フーコック島
バチュック
ビンロン
カントー
メコン川
（前江・ティエンザン）
シャム湾
ソクチャン
ソクチャン省
ウーミン
メコン川
（後江・ハウザン）
バクリュウ省
カマウ（旧ミンハイ省）
カイヌオック
ナムカン
カマウ岬

中国
ハノイ
ラオス
フエ
タイ
ベトナム
カンボジア
ホーチミン市
（サイゴン）
メコンデルタ

メコンデルタの旅芸人●もくじ●

ROBIN

第1章 旅の空の幻

1 みんなの幸せ

椰子の大木や簡素な家のひしめきの間を進むと、突然くたびれた旗がはためき、まわりには秩序なくガヤガヤと人が群れていた。男、娘、老婆、ガキ、物売り、物乞い。とっくに日が暮れているのに、路上の彼ら目掛けて大音量のベトナム語がスピーカーから飛び散る。

人群れの先には、真っ暗なみすぼらしい広場があった。奥まった片隅に竹竿と丸太で組んだ小さな舞台が設《しつら》えられていて、そこだけ自家照明に妖しく浮かび上がって見える。集まったたくさんの人びとは、これが目当てのようだ。

広場に入るには、人が立つ簡単なゲートを通らねばならない。だが、殺到するベトナム人が自分勝手にドン紙幣を差し出し、滞留し、ときたまドッとなだれ込む。舞台に近づくと、セロハン紙を通した光が落ち着きなくまわりを照らしていた。うろうろしていたベトナム人の客たちは、やがてその舞台の前にしゃがみ込み、舞台を見上げ始める。登場するのは派手な化粧と身なりの人物たち。割れる音もお構いなしに目いっぱい奏でるギター、ドラム、月琴《げっきん》、その他名前も不明の楽器たち。歌い、舞い、動き回り、あっちで笑い、こっちで泣き、ただただ騒ぎ、広場の内側もまた外の風景と変わらず、途切れない人間のガヤガヤが渦巻いていた。

正直に言って、それらは粗末で、喧《やかま》しくて、まるで俗である。しかしながら、ふと見上げた夜空には大きな月がまんまると輝いていた。満天の星空が、あたかも天幕のように野天の舞台と観客席を覆っている。〝喧騒〟の頭上には〝幻想〟があった。

これは不意打ちであった。ベトナム南部の熱帯植物が生い茂る村。メコンデルタという大自然の懐にやって来て、まったく予想外の偶然に目の当たりにする光と音と人間の風景に胸がざわついた。こんな場所があるものかと、しばし立ち止まってボウ然と眺めるしかなかった。

その夜、野外で公演を行っていたのは、旅回りの芸人一座だ。

写真家は自分が写真家ということを思い出して、バタバタとシャッターを切り始める。舞台の前から、行き交う観客の中から、勝手に楽屋に入り込んで芝居化粧中の役者たちも覗き込んだ。被写体はつぎつぎ目に飛び込んでくる人間そのもの。まったく芝居の内容なんて理解できないままに、異国の、片田舎の、夜空の下の、見ず知らずの人間たちの右往左往に引き寄せられていた。

体の内側ではアドレナリンやらドーパミンやら、なにやらの脳内物質がドクドクと出ていたのだろう。時が経つのも忘れ、驚くほど激しくフィルムを消費し、ダクダクと汗をかき、酸欠になりそうになって一息つくと、すでに舞台は終演となっていた。

「すごく面白かった。また明日も見せてくださいな」

一座の役者たちに挨拶をする。

「明日はここではやりませんよ。他の場所に移動しちゃうから」

演出家と名乗る初老の男が楽屋の暗闇から顔を見せ、ただ静かにそう言った。

＊

一座の名前は「フックチュン」だと教えられた。意味は「みんなの幸せ」。庶民に広く娯楽を提供する公益集団の、活動する目的と主旨をそのまま冠した名である。共産国家にありがちな清く正しい、なんの面白みもないネーミングだ。

「みんなの幸せ」一座は、翌朝早くから舞台の撤収作業に忙しかった。やはり、公演場所を変えるらしい。昼メシの前にはすべての荷をトラックに詰め込み終え、その荷台を埋めた荷物と荷物の隙間に人間が潜り込むと、いきなり車は動き出した。見送る村人など一人もいない。次なる「みんなの幸せ」のために、もはや一座は新たな土地へと向かうのみである。

迷うことなく一座を追いかけることにした。

バイクタクシー「セオム」をつかまえて田舎道を走る。ニッパ椰子が生い茂る森や、水田、塩田、エビ養殖池などを抜け、二時間ほどで川べりの辺鄙《へんぴ》な村にたどり着いた。周辺にまったく人は見当たらない。近くで水牛が草を食んでいる。

あらためて一座を訪ね、自分のモロモロや、お願いしたいイロイロを説明してみた。話せるベトナム語は片言でしかないが、上半身裸のまま出てきた座長らしき人物は、

「ヤー、ヤー(はい、はい)」

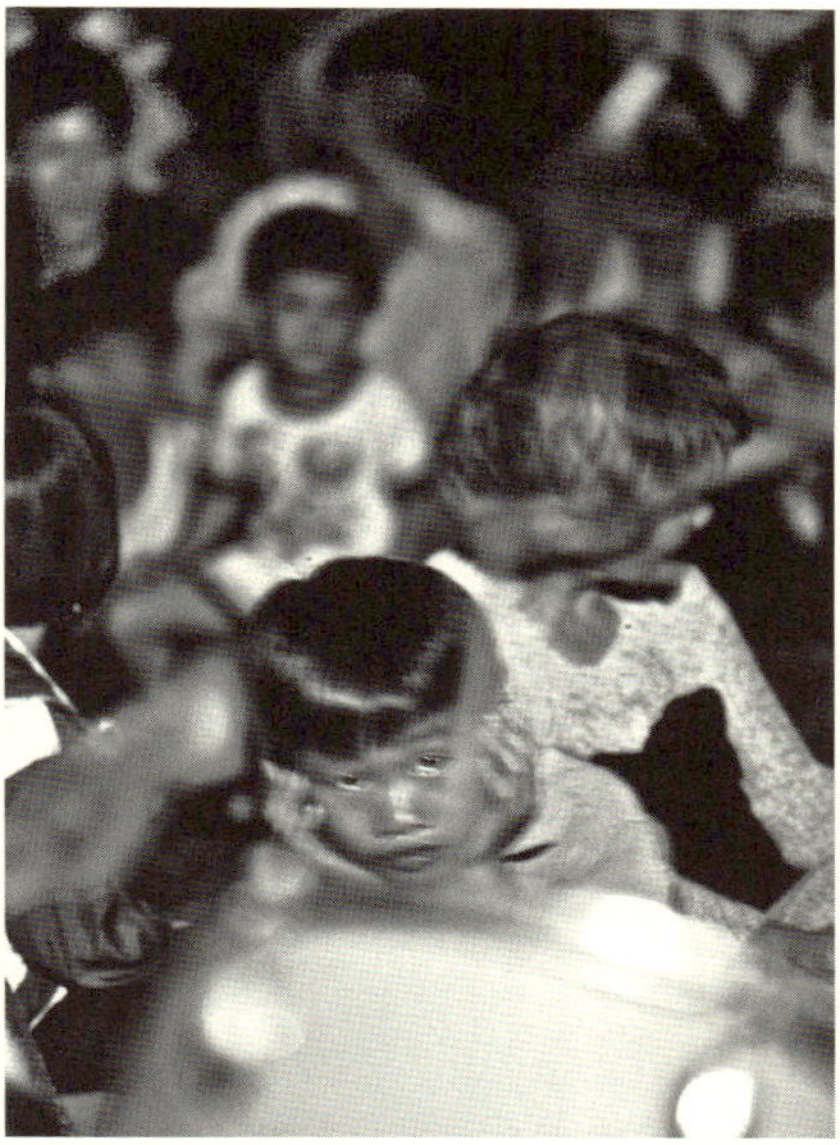

とすぐに言って、ゴツゴツの手で私の肩や腕をしきりに叩いた。そして、頷《うなず》きながらもう一度、言った。

「ヤー、ヤー」

それっきりである。さて、どうしたものか。

前夜のように写真撮影の意向が通じたのか、それが許可されたのか、それとも断られたのか。そもそも、なにも通じてなんかいないのか。見えない答えにその場を離れることもできず、とりあえず思慮なくたたずんでいると、いつの間にやら何人もの正体不明がまわりを囲んでいた。さらには、一座のメンバーであろうひとりが設営したばかりのテント小屋から手招きをし、

「待たせたねえ、腹が減ってるだろう」

などと話しつつ、炊き出したばかりのホカホカのご飯を差し出す。

待っていたのは食事ではない。だが、タケノコと厚揚げの煮物がのっかったドンブリ飯はとても美味そうだった。話が通ったのかまことに判断しづらいけれど、いっしょに食っていても座長はなにも言ってこないし、おかわりも勧めてくれる。なし崩しにこのまま腰を落ち着けるほうが、場はいたく自然な気がした。そして、なにより私は腹が減っていた。

不思議な風景だった。旅芸人たちは突然の来訪者を迷惑そうでもなく、いぶかしがる態度でもなく、かといって飯を食わせる以外にことさら歓迎する素振りも見せない。珍しがったり、

しつこい好奇な目も向けない。ごく自然で頓着がなく、それはまったく日常のひとコマのような、あっさりした扱いなのである。ずっと昔からの知り合いだったんじゃないか。いつもそばにいた仲間だったんじゃないか。そう錯覚するほどの違和感のなさ。

メシを食うと眠くなった。気が付けば、旅芸人たちの居場所で、だらしなくすべてを解いている自分がいた。

＊

客席には水牛じゃなくて、ちゃんと人が押し寄せていた。

公演は日没後に始まって、前夜同様、その日も午後一〇時過ぎまで盛り上がる。前夜同様、写真を撮っていると、あっという間に終演時間となった。

「いっしょに飯を食おうぜ」

こちらは前の夜と違って、終演後に一座のだれかが私を誘う。ひと仕事終えた、なんの心配もいらないリラックスした空気。ごく自然に彼らの宴について行こうとした。しかし、そこに制服姿の地元警官が現れた。

「おまえは、ここをすぐに立ち去りなさい」

小柄でネズミのような顔をした警官が、いきなり不愉快なことを言った。彼の話はおよそ次のようなことだ。

「ベトナムの決まりでは、外国人の宿泊はホテルなどの正式な宿泊施設以外に認められていない。知人・友人であっても一般のベトナム人の家に泊まることはできないので、ホテルなど存在しないこの農村においては外国人の滞在はまかりならない。すぐに立ち去りなさい」

当時(一九九〇年代後半)はそんな不自由な決まりがあった。一九八六年にドイモイ(刷新)政策が始まってから、そう時間は経っていない。外国人のベトナム国内での自由移動でさえ、ほんの四～五年前に許されたばかりの頃である。承知はしていたし、あらためてここで提示された「決まり」に従うのもまったくやぶさかではない。

ただし、それには少々困ったことがあった。この村は四方を川に囲まれていて、しかもどこにも橋は架かっていない。村の外に出るには渡し船で川を越えなければならないのである。だが、すでに深夜。定期便の渡し船はとうに一日の営業を終えていて、船頭たちはみんな寝ちまっている。もはや、宿泊施設がある町までは行きたくても行き着く手段がなかった。

ネズミ警官だって、いまさらどこかに移動するなんて不可能な事情は分かっているはずだ。なのにチューチュー叫んで詰め寄って、どうにも譲ろうとしない。途方に暮れていると、背後から別の、ちょっと偉そうな警官が割り込んだ。

「じゃあ、こうしよう。われわれと酒を飲もう」

「?」

「朝まで寝ないで、ずっと酒を飲んでいればいい。それなら宿泊したことにならない」

「???」

強引に話をまとめた警官。顔を見たら彼もまた小動物系の、イタチのような顔だった。

結局、私だけ警官詰所に連行されて、夜通し起きてビールをおごらされることになった。酒が入ったネズミもイタチも、とても楽しそうだった。一方で、私の耳には、近くのメシ屋で食ったり飲んだりしているらしい、旅芸人たちの楽しそうな声が届いていた。

「オレはこうしちゃいるが、本当はあんたたちと飲みたかったぜ。たかりの警官よ、どっかに行ってくれ」

だれにも分からない日本語で毒づきながら、しかし笑顔で呟《つぶや》いていると、

「そうか、おまえも楽しいか」

とベトナム人警官たちも笑顔を返す。はた目にはとっても微笑ましい日越友好の図である。はなはだ不本意ではあるが、いかんともしがたい。もはや警官たちに身を任せ、その夜はゆるゆると更けていくだけだった。

早朝、日が昇るとすぐに村を追い出された。早起きセオムの運ちゃんが連れてこられて、彼のバイクの後座に跨《また》がる。

旅芸人たちはまだ寝ているようだ。世話になった一座のだれにも礼を言わず、挨拶さえ交わさないで去るのは、どうにも申し訳ない気分だった。後ろ髪が引かれる。せめてもの思いで振り返っても、彼らのテントは当たり前のようにどんどん小さくなるだけだ。

セオムは一段、スピードを上げる。旅の一座の風景はどんどん朝もやの中に吸い込まれ、あ

っけなく一気に消えてしまった。嘘のように跡形もなく視界から消えた。メコンデルタで出会った旅芸人たち。彼らはまるですれ違いざまに見た、一瞬の幻のようだった。

2 ベトナムのミュージカル

ベトナムでは古くから、台詞《せりふ》を音楽に乗せて話す、いわゆる歌劇スタイルの舞台がある。広く大衆芸能として括られる分野。詳しく見ると、歴史や特徴の異なるものが地方ごとにあって、名称もそれぞれ別に呼び分けられている。

北部にあるのは「ハット・チェオ」。同様なものを中部では「ハット・トゥオン」、南部では「ハット・カイルン」(北部の正調発音だと「カイルォン」となるが、南部で盛んな芸能なので本書では南部発音の「カイルン」と表記)である。「ハット」とは歌の意味で、通常はこれを省略して「チェオ」「トゥオン」「カイルン」と呼ばれることが多い。みんなひっくるめて、「ベトナム版ミュージカル」とか「ベトナム伝統の民衆オペラ」などと外国には紹介されもする。たしかにどれも演者が歌と音楽を駆使して物語を展開させていくので、芸能の分野としては「ミュージカル」や「オペラ」などと言い表していいのかもしれない。

もっとも古いとされるのは北部の「チェオ」だ。

チェオは、すでに一一世紀頃には庶民の娯楽として存在したとされる。もともとは各地の村祭りなどで行われるのが一般的で、収穫が終わった農閑期に、農民自身が楽しむ素人演劇や村芝居の類いだったらしい。芝居の内容は村の伝説、言い伝え、近隣で起こった面白い出来事。ときには男女の恋の掛け合いの歌もある。また、村人たちに伝えなければならない役所からの通達や、行事などの地域情報も盛り込まれていたという。およそチェオの題目とは、庶民の暮らしから発生する、なんでもありの雑多なローカルネタだった。

そんな地元住民の手づくり感満載の舞台は、時代を重ねるにつれて、しだいに専門の演者たちが担うようになる。エンターテインメントとして整備され、深化し、ベトナムを代表する大衆芸能として確立された。そして、北部ホン川デルタの農村を起源にするチェオは、大都市ハノイを経て、やがてベトナムの全土へと広がっていく。

中部地方、とくにフエで盛んなのが「トゥオン」である。

トゥオンは、民衆の生活に根ざし浸透したチェオをベースに、ベトナムの宮廷が中国の「京劇」を取り入れてつくりあげたとされる。グエン朝の時代（一九世紀）に発展を遂げ、都が置かれた中部のフエを中心に大いに演じられるようになり、現代まで続く。

演目は英雄伝や宮廷劇などが好まれ、歴史絵巻のような壮大なストーリーが多く扱われた。動きが派手で、衣装も化粧も華美。権力者が庇護したこともあって、大衆的なチェオとは一線を画し、芸術的によりいっそう洗練されたものへ変化していく。

「カイルン」は、漢字を当てはめれば「改良」となる。チェオやトゥオンという既存の芸能に対し、カイルンはことさら音楽歌謡部分に改変と工夫を加え、比較的新しい時代になって完成されたものである。

伝えられるところでは、それは一九〇〇年代初頭のことだったらしい。サイゴン(現ホーチミン)の劇場でトゥオンの名作『王が国から逃げる』が上演された際、突然、定番の数曲がいつもと違うメロディーで演奏されたそうだ。観客は驚きながらも大喝采。以降も新しい音楽の導入は大流行。本当にあった話かどうかは知らないけれど、これこそが「改良(カイルン)」の始まりだったという。

当時のカイルンに使われた楽曲とは、ベトナム古典音楽に、中国の京劇音楽を混ぜ、さらにフランス植民地時代に持ち込まれた西洋音楽をも融合させたものだった。かつてだれも聴いたことのない、とても斬新な〝ハイブリッド・ミュージック〟として登場したようである。演出自体も海外の喜劇や風刺劇の要素を織り込んで、チェオより現代的で、トゥオンより先進的な雰囲気を持っていたとされる。

サイゴンで誕生したカイルンはその後、南部のメコンデルタで多くの劇団がつくられていくことになる。メコンデルタで出会ったフックチュン一座は、村人からは「カイルンが来た」「カイルンやってる」などと言われていた。ホーチミン市のはるか南の村で公演していたあの一座は、地域柄、当然カイルンの劇団という訳だ。

チェオ、トゥオン、カイルンの区別を述べていてなんだが、実際にそれぞれの音楽性の違い、識別となると、私には少々難しい。

これらベトナムの伝統歌劇の特徴は、台詞を乗せる歌がいつも耳にする音楽ではなく、独特の節回しなことである。中国の京劇に似ているし、日本の歌舞伎に近い雰囲気。極端に難解ではないが、いつもの話し言葉から逸脱した台詞の言い回しに、ベトナム人でも分かりにくい部分があると聞かされた。日本人だって歌舞伎や能、狂言が分かりづらいのと同じ。外国人が一目でチェオ、トゥオン、カイルンの違いを言い当てるなんて至難の技だと解釈してほしい。

音楽自体の違いは分からなくても、共通点はすぐ分かる。チェオ、トゥオン、カイルンのどれもが、その音楽を芝居の要素以上に重要視するところだ。公演では舞台の前にオーケストラピットよろしく数人のミュージシャンたちが控え、それら楽団と舞台役者が一体になった編成形態が常。台詞となる歌部分に合わせる音楽はもちろん、即興的な効果音まで、すべて実際の楽器で行うのが正統な「ベトナム版ミュージカル」のスタイルだ。

ちなみに、カイルンの一座では、舞台上で芝居を行う人たちは「カーシー」、つまり「歌手」と呼ばれていた。彼らは役者ではなく、あくまで歌い手という位置付けなのである。歌を上手く歌えることこそが、なによりいい役者の条件なのだろう。ある著名なカイルンの「カーシー」が、雑誌のインタビューでこうも答えていた。

「カイルンのすべての基本はチェオ由来の二〇ほどの楽曲です。そこで歌われているのは

『Nhac Que Huong(故郷の音楽)』。ふるさとを懐かしむ想いがこもった歌です。だから新しくつくられたものであっても、ベトナムの大衆の心に響くのです」

芝居のストーリーも大切だが、チェオに始まりカイルンに至るまで、欠かせないのが歌と音楽。ことさらベトナム人の琴線に触れる〝ノスタルジック〟な歌あってこその芸能らしい。

＊

現代においては、それぞれの歌劇は芸術的に高い評価もされ始めている。一部のチェオは格調高き古典芸能のごとく扱われ、ハノイなどに国立の専門劇場や養成学校もある。宮廷劇が好まれるトゥオンは、そもそも芸術性を求めた古都フエの上流階級のものだった。どちらも著名劇団になると、由緒ある大劇場での上演だってしばしば。日本を含めた海外公演にさえ数多く出向いている。

歴史が浅いカイルンは、ほかの二つに比べると文化芸術関連の国からの支援があまり見られない。ただし、テレビではもっともよく放映されている。どこか高尚な方面に向かうチェオやトゥオンと異なり、カイルンは大衆的な印象を色濃く持ち続け、いまもってベトナム南部の庶民の間で人気も知名度も低くはない。

ただ、カイルンであっても、観るには大都市にある常設劇場などにまずは足を運ばなければならない。しかし、そこは大衆芸能である。劇場もない小さな町や、地方の農村や漁村、いやむしろそうした田舎のほうが、カイルンを楽しみたい人たちは多い。そんな彼らのために、国の福利厚生政策の一環で都市部の劇団が地方公演することもある。ベトナム南部でのカイルンの広い人気ぶりは、こうした活動にも支えられているのかもしれない。

さらには、もっぱら小さな田舎町だけを訪れる、地方巡回公演が専門の一座もある。こちらは、もはや劇場なんて使わない。役者、楽団、裏方が一座を組み、どこかの空き地なんかに舞台ごと自分たちで設えてしまう人びとだ。そうした巡回公演がもっとも多いのは広大なメコンデルタの、そこに点在する村や町とされる。チェオではなく、トゥオンでもなく、つまりはカイルンである。

メコンデルタで活動していた劇団フックチュンは、カイルン劇団であると同時に、まさにこの〝旅芸人スタイル〟の一座だ。彼らは車に舞台と生活に必要なイッサイガッサイを積み込んで、旅から旅の公演を繰り返していた。その後、私は他にもいくつかのカイルン一座と出会うことになる。どの旅の一座も、およそ同じような移動生活であった。

ひとつの場所での公演は数日だけ。旅芸人たちは興行が終われば、すぐさま次の村へと移動する。彼らは帰る家や実家が町にあって、家族もそこに置いていたりするのだが、テト(旧正月・ベトナム正月)の休暇を除いてあまり家に戻ることはなく、旅を続けていた。

公演する場所は、広場や空き地や神社の境内など。たまに公民館や集会場といった在り合わせの施設も使ったりするけれど、状態は行って見ないと分からないので、いつも出たとこ勝負になる。だから、舞台はそのつど最初から自前で用意。丸太と板を組んだ即席の芝居小屋なれど、大道具も小道具も照明も、観客の椅子さえ自分たちで持ち込む。彼らの設備一式はどれもこれもが使い込まれていて、みすぼらしく、明らかにオンボロなのだが、いざ舞台が出来上がるとそれなりに体裁は整って、なかなか立派なものに見えたりする。

そして、そうしてつくった舞台の下や楽屋が彼らの寝泊まりの場所になる。収まりきらない人員がいたりすれば、近くの寺の軒先、椰子の木に張ったハンモック、星空の下の草の上なんかがさらなる宿泊施設になる。周辺の民家を間借りする場合もある。ただし、こちらは主役級の役者たちに限られる。

とにかく彼らは身軽だ。余計な個人資産は持たず、たいがいはメイク道具に衣装が入った箱ひとつを抱え、あとは寝るためのゴザが一枚。日々の食事は一座の担当者が炊き出してみんなで食べるので、鍋釜や食器は個々に持つ必要はない。個人も劇団も、無駄なコストは極力省かれたスタイルが貫かれている。そうした地方公演に特化した移動生活の繰り返しは、いわば〝どさ回り〟である。少なくとも私が出会った旅暮らしのカイルン一座とは、その言葉がピッタリはまる芸人集団であった。

旅という流動的な状況の中に生業がある暮らしは、どこか刹那的な匂いがして、なぜだか私は惹き付けられてしまう。しかも、それが〝芸人〟とか〝どさ回り〟などというアウトローな響きを持っていたりすると、いっそう得体の知れない興味を覚える。それどころか、ある種の衝動が沸き起こってくるのである。

「会いたい！」

人はときとして、どこかに行きたくなる。なんの理由もなく、説明もつかないまま、なぜだか旅行に出かけたくなる。〝細道〟の奥へとたどった俳人でなくても、〝黄金の国〟を夢見て東方見聞した大冒険家でなくても、旅や漂泊への憧れとは、だれもがどこかで共感しうる感情ではないだろうか。

たぶん旅芸人に会いたくなる衝動とは、この旅に駆り立てられる気持ちと同じかもしれない。訳もなく漂泊に誘われてしまう心、きっとそれ自体なのかもしれない。

メコンデルタでベトナムのどさ回り旅芸人に会って以来、私にとって彼らはいつも気になる存在になっていた。

「会いたい、いっしょに旅をしたい」

そんな思いは抑えられずに、日に日に膨らんでいた。

3 メコンデルタの旅芸人

メコンデルタ最大の都市カントーの町で得た情報では、尋ね人はアンザン省とドンタップ省の境にいるということだった。すでにメコンデルタの懐に居るのだが、いま居る場所からはさらにデルタ内部の奥深くに入った場所。懐の懐。ならばと気合いを入れ直し、彼らに会うために私も旅に出ることにした。もちろん会おうとしていたのは、カイルンと呼ばれる旅芝居の芸人たちだ。

しかし、ここメコンデルタでは、毎度のことだがテキパキとものごとが進むはずはない。すでにもう何日も、気温が体温と同じになる熱帯の大地をウロウロしていた。まずはロンスエンから東に川を渡り、メコン川の前江と後江に挟まれたエリアを北に向かう。旅芸人の痕跡を探すのに道すがら村人に話を聞いても、まるで要領を得ない。どんなときも決して「知らない」とは答えず、堂々と嘘情報を教える越人たち。しきりに田舎道を寸断する川や運河。スコールは突如やって来るので、慌てて茶屋に雨宿りをすることが日に数度。奮闘努力のかいもなく、旅の空に暮らす集団はなかなか見つからないものである。昨日と同じく今日もまた、メコンデルタのノンキな田園に、ただただ美しい夕陽が沈みかけていく。

カントーの町を出発してから丸三日かかった。

目当てのカイルン一座は、メコン川の支流や運河をひたすら渡った場所にいた。最後は木造の渡し船で行き着く、川の中州のジャングルに囲まれた目立たぬ村。その入り口になっている船着き場の桟橋横に、芝居幕を張った劇団の船が目印のように停まっていた。

メコンデルタのカイルン一座はよく船を所有していて、公演のための移動を船で行っているケースはけっこう多い。メコンデルタという湿潤な低地三角州地帯では、整備された交通網は陸運より水運が先に発達している。道路よりも川や運河のほうがより細やかに各地を結んだりしているので、たくさんの舞台道具を持つ彼らにとっては、輸送能力に優れた船のほうが圧倒的に便利なのである。見方を変えるならば、こうした船でしか行けないクソ田舎、ジャングルの中の辺鄙な集落こそが、彼ら旅芸人一座の公演地ということなのだ。

「あら、来たかい。みんな向こうにいるよ」

やっと探し当て、疲れ果てて崩れるように近寄る。劇団の若い衆が懐かしそうに声をあげ、汗まみれで異臭を放つ体を歓喜の抱擁とばかりにぶつけてきた。

実はこの劇団、かつて会ったカイルン劇団フックチュンとは異なる。結果的にはその後、フックチュンには二度と会うことはなかった。再び会おうと探し始めたら、ほんの数か月しか経ってないのに、劇団が解散していたのである。彼らとは一期一会。思えば本当に〝幻〟のような出会いだった。

フックチュン一座の解散を聞いた直後はしばし途方に暮れ、つい有名カイルン劇団をサイゴンの大劇場に訪ねたりもした。しかし、観ていてやっぱりどこかが違う。物足りなささえ感じた。劇場付きのカイルン劇団と旅の一座の間には、微妙だが、明らかに差が存在していたのである。たとえばフォークソングと演歌、たとえばホットカーペットとコタツ、たとえばアントニオ猪木とジャイアント馬場。これらは共に拮抗しているが、絶対に差異がある。

劇場付きカイルン劇団と旅芸人一座もしかり。芸能としての優劣ではない。役者たちから漂う体臭込みの人間の匂いとか、客と客席から発せられる体温とか、公演場所そのものを取り巻く大気とか、そんな目に見えない部分において劇場と旅先の舞台では違いがあった。そして、その違いというものがきっと如実に決定的になっていて、物足りなさを感じさせたのだろう。

思えば、メコンデルタで会った彼らの芸能自体にさほど興味がある訳ではなかった。ベトナム語もほぼ解さないのに、特殊な節回しで台詞を話すカイルンの舞台はストーリーもほとんど理解できない。けっこう情けない状況ながら、それでも圧倒的に好奇心を掻き立てられていたのは、旅の芸人という暮らし方、仕事のし方、身の置き方への興味に他ならない。漂泊する生きざま、そこに無性に引き寄せられてしまった結果だった。

「なんだいカイルンが観たいのかい。そんなんでいいなら、うちの近所で昨日やっとったわい」

旅芸人に会いたい気持ちを募らせていると、メコンデルタに住む知り合いの漁師が思いがけない言葉を吐いた。彼は町の電柱に貼ってあった有名カイルン劇団のポスターを横目に、なんとなく得意げに鼻を膨らませて言う。

「こっちの大きな劇場でやってるカイルンは五〇〇円もかかるけど、村なら七〇円で観られるだぁ。ああそうだよ、船でいろんなところを回ってる奴らがうちの村に来てるんだぁ」

フックチュン劇団の楽屋は舞台の裏、板の下が寝床

夕方になって早速、漁師の舟で出向く。川に囲まれた集落に近付くと、熱帯の樹木の間から、紺地に朱文字が書かれた巨大な横断幕が目に飛び込んできた。

＊

舞台の幕が開いた。

まずは、生演奏の歌謡ショー。後から出演する芝居のためなのだろうか、中途半端にオシロイを塗った男がオープニングを飾っている。

続いて、白いアオザイを着た若い娘が流行りのポップスを歌い、時間差で現れた腹の出ている赤いアオザイの女が、白いアオザイより格段に上手な歌声を響かせた。

徐々に客席が温まったところで、水着を着た女が松明《たいまつ》を手に舞台に登場。豪快に火の輪をグルグル回し、舞台の外まで火の粉を飛び散らせる。ワーキャーと客がのけ反り、一気に盛り上がる。

さあ、いよいよ本編の始まり。

芝居幕がズルズルと横に引かれ、京劇風メイクをした役者たちが次々と舞台に現れて躍動する。お姫様役の女優が着飾ってよろめき、ヒーロー役が悪漢たちと大立ち回り。よく見れば、ヒーロー役の役者は最初に歌っていた中途半端メイク男だ。なるほど、化粧はこう完成するのか。

舞台のすぐ前、客席との境がない地べたには楽団連中が陣取っていて、役者の動きに合わせ多彩な音を奏でている。オーケストラピットの中でいちばん汗をかいているのは、エレキギターとドラムだ。歌伴奏のメロディーラインと同時に、風音、雨音、雷鳴などの擬音、各場面の喜怒哀楽を表現する効果音と、八面六臂の大活躍である。奏者は手元や置いた楽譜なんかよりも、ずっと舞台を見上げて臨機応変に対応する。まるで掛け合い演奏、異種のジャムセッションだ。

舞台の裏にまわって楽屋を覗くと、そこは主役も脇役も入り乱れてのテンテコ舞い状態だった。基本的に一人で何役もこなさなければならないので、常に着替えや化粧を求めて人が右往左往している。あっちでもこっちでも、だれかがなにかを準備しながら動き回る。主要な役者たちが化粧台の前で早着替えをし、隅の草むらでは端役の男が隠れながらぶつぶつと台詞を暗唱する。出番を前にした老女優は楽屋に設えた仏壇の前に立ち、長い線香を高く差し上げながら「ナム・モア・ディヤ・ファット(南無阿弥陀仏)」とうめくように小さく祈り唱え、木の杖に支えられながらヨロヨロと表舞台に上がっていった。

「ディー、ディー(あっちに行け、行け)」

舞台の裏にこっそり忍び込むガキどもを必死に追いかけまわしていたのは、山賊衣装のまま次の出番を待っている髭づらの大男。ドタバタ状態の楽屋のかたわらでは、裸電球の化粧台に向かい女優が一人、紅を引いていた。集中する彼女のまわりだけは空気が凛と張り、妖気のようなオーラすら漂う。たぶんさっきまではお姫様役だった彼女。それがみるみるうちに幽霊のような、なにかの化身のような姿に変わっていった。今日のこれからの出し物、いったいどんな芝居になるのか想像できやしない。

楽団陣のすぐ背後には百数十人の観客が座り、もぞもぞと蠢《うごめ》き、ざわざわと地べたから舞台を見上げていた。あっちでは子どもたちの叫声が渦巻き、こっちからはおとなたちの歓声が沸き、だれかが爆笑し、だれかが号泣している。そして突然、すべてが絶好調に盛り上がっていたところで、前触れもなくドガ〜ンとなにかの破裂音が鳴り響いた。舞台の効果音ではない異様などどろき。どうやら自家発電機が爆発してしまったらしい。賑やかだった音楽は一瞬で消え去り、過剰に眩しかった舞台が暗転する。

「チョーイ・オーイ」

そのまま訳せば「おお天よ」。驚嘆するベトナム人の決まり文句(南部方言)である。停電して真っ暗になった広場には、そんな神をも恐れぬ越人たちの怒号罵声だけが一斉に飛び交う。しかし、刹那、頭上からは無数の星が降ってきた。もうそう感じるしかないほど、空にはたくさんの星がきらめいて覆っていた。

「いったい、ここはどこなんだ。どうしてオレはいま、こんなところにいるんだ」

我に返ると、見ず知らずのベトナム人に囲まれ、夜空の下にぽつんと一人、歯に挟まった食べカスのような自分がいた。見上げた夜空はひたすらに深く、なんだか自分だけが吸い込まれそうになる。現実感を喪失し、まるでとらえどころのない感覚。でも、それは不安な気持ちにさいなまれるのではなく、不思議と心地良くて、どこか安心感すらあった。

ほどなく復活したほの暗い灯りの中で、再び役者たちは動き出した。なにごともなかったようにすぐに雑な音が飛び交い、絶え間なく人と人との影が錯綜し始めている。客もまた、すぐに引き込まれていく。

それが大衆芸能の持つ「力」なのだろうか。旅芸人たちが織りなすその風景は、決して真新しかったり、洗練されているようには見えない。しかしながら、そこには独特の力強い雰囲気があった。圧倒するような、ある種の生命力に満ちていた。あからさまに親切じゃない代わりに、どこか安堵する優しさがあった。

旅のカイルンの舞台は〝土〟か〝泥〟のような匂いがした。そして、〝土〟の匂いのする舞台全体がメコンデルタの夜空と、月明かりに照らされる熱帯の樹木と、高らかに笑う老若男女の息づかいと、とてもよく混ざり合い、溶け合っていくのである。

もはや言わずもがなだった。サイゴンの劇場で観たカイルンとは別世界がそこにある。舞台上のことだけではない。体にまとわりつくねっとりした風や、どこなのか場所さえ知れない村の佇《たたず》まいや、飛び込んでくるひとりひとりの客の顔や、それらすべての周辺がゴチャマゼになって刺激的に襲ってきた。

あぁ、これだ。あぁ、ここだ。あぁ、奴らだ。

第2章 それゆけユンリン一座

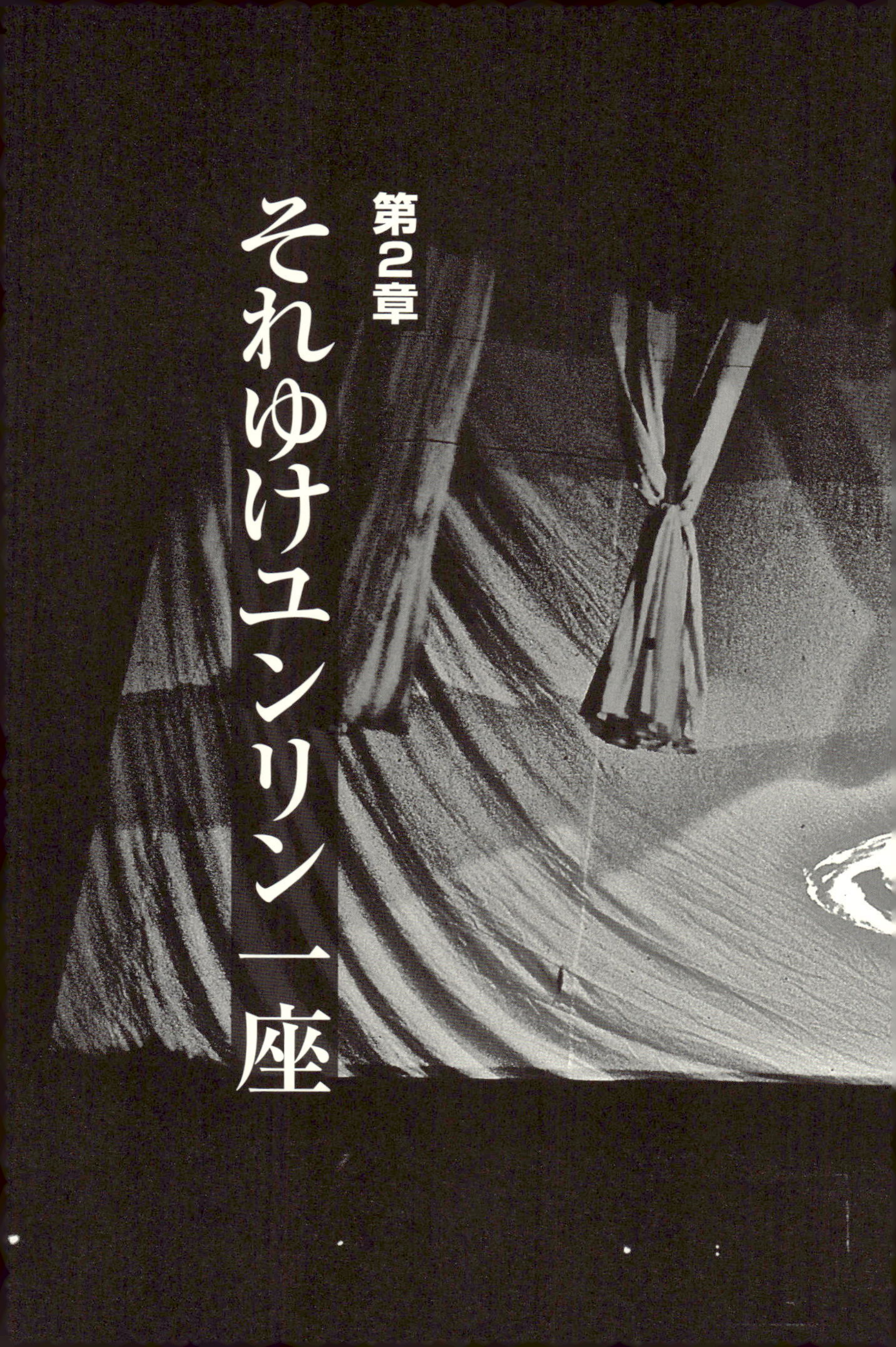

1 旅芸人の記録

劇団の名前は「ユンリン」。座長の名をそのまま冠したものだ。総勢三〇人ほどの男女がカイルンの一座を構え、日々メコンデルタを旅していた。

劇団を主宰し、舞台に上がれば常に主役を務めるユンリンは、ベトナム人にしては大柄な、ちょっとした色男だ。喜劇から活劇、シリアスな人情劇までなんでもこなす実力派俳優である。相手役をする女優の一番手はレハン。なにより歌が上手いと評判の、目鼻だちのくっきりしたグラマラス美人である。

劇団きっての人気俳優となると、自称「国際派スター」のニャンだろう。一度だけ隣国のタイで公演したことが自慢だ。なるほど颯爽とした芝居で、いつでもどこでも巧みに土地の娘たちのハートを引き寄せてしまう。お笑い担当はトンとタン。また、老け役からたまに娘役もこなす変幻自在のリエンなど、役者陣はいつも一〇人ぐらいが取りそろえられていた。

役者とともに重要なメンバーが、楽器を操るミュージシャンたちである。だいたいは物静かで目立たないタイプが多いが、ユンリン一座ではちょいと喧《やかま》しい二人組がいた。ドラマーのヤオとギタリストのチャン。どちらもカッコつける割にはあまりもてないから、いきおい稼ぎを酒や女に使っちまって、いっそうもてなくなって困り果てる。ミュージシャンたちは複数の西洋楽器が使え、加えて民族楽器も操る。なかなかの実力者ぞろいと見受けられた。

そのほかにも、唯一の照明係であるフン。若くてコミカルな役の多いサンは役者兼ユンリンの付き人。さらに、あっちこっちに道具係や雑用兼役者見習いなんかの若造が多数ウロチョロしている。忘れてはいけないのが中堅女優のチンだ。舞台にも立つが、みんなで食べるメシ炊きを一手に引き受けていて、これも一座内での彼女の重要な役割になっていた。

この一座には田舎からポッと出てきたような素人座員もいるが、もう一〇年も一五年もいるような金庫番やら船の船頭などの古参もいて、人材はけっこうバラエティーに富んでいる。一人でいくつもの役割をこなしたりするので、実際の人数よりはるかに多くの座員がいるようにも思えた。それぞれが組織内でどういうポジションで、どう役に立っているのかは詳しくは分からない。たしかなのは、なんとなくいつもだれかがどこかで動き回っているということだった。一座にとって必要ななにかをするために、絶えずだれかが必要にされていた。

「ここには無駄な人間がひとりも存在しない」

口をそろえて皆が言う。ユンリン一座といっしょに旅を始めたのは二〇〇〇年ごろ。ドイモイ前にあった劇団から引き継いでいるらしく、どれだけ長く現在の一座を構えているか分からないが、彼らがいたく機能的な集団であることを真っ先に感じ、驚かされた。

座長ユンリンが声を掛けた。

「さて、そろそろ始めるかっ」

ちょうど宣伝のために村をひと回りしていた「ホンダ」が戻ってきたところだった。ベトナムの、とくにメコンデルタあたりなら、オートバイは「カワサキ」でも「ヤマハ」でも中国製の「ホングダ」でも、全部ひっくるめて「ホンダ」と呼んでしまうけれど、一座所有のたった一台の「ホンダ」は本物の日本製「ホンダ」だった。舞台で使う大きなスピーカーが括り付けられた、特製のホンダ・スーパーカブ。いつものようにヤオが運転して、チラシを手にしたフンが後部座席に跨っている。夕方、彼らとホンダが帰ってきたところで、ユンリンから公演スタートの号令が掛かった。

空き地を囲う芝居幕の内側にユンリンが入った。急いでフンがホンダからスピーカーをはずし、抱えて後に続く。まだ人がいない空き地。いずれ観客席になるはずの、その最前列あたりには楽器がすでに置かれていた。ヤオが座ってドラムを叩き、エレキギターをチャンが弾き始める。景気をつけるような軽快なリズム。フンがつないだばかりのスピーカーから音が響き渡って、それを合図に外ではチケットが売られ始めたようだ。

客が徐々に幕の内側へと入ってきた。昨日に引き続き、今日も出足は好調だ。

ユンリン一座の興行は一か所で三～五日ほどだった。ただ、客の入り方によって日数が変わる。たまに連日満員で盛況な村なんかだと、決まって千秋楽公演の途中あたりに座長自らがマイクを握り、仰々しくある告知をする。

「本来なら今日でお別れのはずでした。しかし、皆様の熱烈なご要望にお応えして、なんと追加の公演が決まりました～」

村中に聞こえる大音量である。

「あと二日間だけご当地にとどまりますので、引き続きよろしくお願い～いたしまする～」

当初の予定にはなくても、まだまだ客足が伸びると見るや、こうした延長公演をドンドンやってしまう。

この一座にはなによりの強みがあった。公演が一日二日延びても、たとえ一週間に及ぼうとも、毎日演目を変えられるだけのレパートリーを持っているのである。続けて足を運んでもらっても、観客たちを飽きさせない出し物が提供できる。これがユンリン一座のちょっとした持ち味で、実力だった。

もちろん、そうした思いもかけない追加公演に、村人たちは拍手喝采である。ただし「皆様の熱烈なご要望にお応えして」と言いつつも、すべてを決めているのはユンリン自身だった。客のニーズに応えた形に見える滞在延長は、実のところほぼユンリンたち一座側の都合でしかない。

公演する期間の判断基準は、ひとえに客の入り方である。どうなるか分からない明日よりも、とりあえず儲かる今日で儲けておきたい。それが彼らの本音だった。連日満員なんてのはそうめったにないチャンスであって、ゆえに追加の公演決定となる。

反対に客の入りが悪ければ、移動の面倒もいとわず早々に切り上げてしまう。どんなに引き止められたとしても、儲からない場所は捨て、その先に儲かる可能性があるなら未練なく公演場所を移す。こちらの場合は仰々しい告知など行わず、知らんぷりして、そっと去る。

日程が決まっているとか、各所に告知してもろもろの約束があるとか、そんなのは知ったこっちゃない。旅に生きる彼らにとって確実なこととは、いましかない。大切なのは、金を払って来ている目の前の客である。そもそも、予定どおりにカイルンがやって来るなんて村のだれも思ってないし、〝ノンキ〟で〝テキトー〟なメコンデルタだから、これで客側からクレームが出たり、トラブルも生じたりやしない。

この日は追加された四日目の公演なれど、予想どおり評判が評判を呼んだようで、客足はまるで鈍っていなかった。

もう手慣れたものである。会場となっていた空き地は夕方前に大きな幕で囲われ、周囲には露店の食べもの屋が並び始めた。どこからこんなにと思うほど、いつの間にやら大勢の人が湧き出している。しかも、店も人出も、なんだか日に日に増えている。

やがて、消え去ろうとする太陽の光に反比例し、人工照明の輝きが増して野外舞台がだんだんハッキリと見え始めた。並んだ露店屋台それぞれにも裸電球が灯る。もう開演間近。なのに、外にあふれている人がいっこうに減らない。舞台見物が目的ではない人たちも多く訪れて

船で移動するユンリン一座

いるようで、のんびり屋台で飲み食いを楽しむ集団が、芝居小屋を中心にしてあちこち固まって出現していた。

毎日の公演は、日の暮れた夜の八時頃から始まる。それは、農民や漁師が昼間の仕事を終えて家に帰り、晩メシを食い終わって一息ついた時間帯だ。お日さまとともに肉体労働をする人たちにとっては、ここからが休息と娯楽にひたる、ごくごく短い〝ゴールデンタイム〟。そして、カイルンがやって来ている日の村の夜は、いつもよりこの〝ゴールデンタイム〟が前にも後ろにも少々長くなる。

夜は深まるにつれどんどん賑やかさが増し、カイルンの舞台が始まっても関係なしに人出は衰えない。村はちょっと浮かれていた。この日ばかりは娘たちが男と綿菓子を仲良く食べたっていいし、幼子が手をつないだお父さんに「風船買って」と泣き叫んでも怒られず、おじいさんとおばあさんと犬が深夜まで徘徊したりもする。それは、いろんなことが今夜だけは許される、年に一度の〝夏祭り〟の日のような風景だった。村にカイルンがやって来るということは、つまりはそういう〝特別〟が訪れることだった。

＊

深夜の一一時、やや遅めの終演。

幕が下りると、ユンリン一座ではいつも『ホーおじさんの歌』を演奏するのがお決まりだった。ベトナムの人がよく知る愛国の唱歌である。直前まで繰り広げられていた直情的で、うるさくて、ちょっと派手な舞台の興奮が残る中、クールダウンさせるように観客たちを帰路へと促す。

笑顔の村人たちが月明かり差すメコンデルタに掃き出されていくと、舞台の裏では役者たちがすぐに化粧を落とし、ミュージシャンたちもそれぞれの楽器を仕舞い込み始める。ほどなく座員ひとりひとりの間を金庫番の女が回り出した。

「お疲れさん、今日の分だよ」

「おっ、意外とたくさんだねえ」

さっきまで客が握りしめていた生々しいドン紙幣を輪ゴムで束ね、金庫番は今日の〝アガリ〟として分配する。

「最後になって、やっといっぱい金をくれたな」

サンが金庫番とそんな言葉を交わしていた。連日盛況だったこの村での興行も、ようやく千秋楽となった。最後の最後になって、座員たちに〝大入り袋〟が配られたのかもしれない。最終日なので、大道具担当の若造たちは即座に舞台の解体を始め、撤収準備に取り掛かっていた。役者連中はとりあえずメシを食ったり、少しの眠りにつくが、若造たちは夜を徹しての作業になる。

まだまだ夜が明けない早過ぎる朝、突然に叩き起こされた。出発する準備が整ったらしい。

舞台道具と一座全員が荷物のように船の中へと詰め込まれ、暗い村を後にする。みごとに静かだった。もう何度も繰り返してきたものごとなのだろう。感傷も、未練もなく、一座を乗せた船がメコン川の支流を進んでいく。

熱い太陽がすっかり昇った頃、そろそろ次の村が見えてきた。ユンリンがサンを呼び出して、なにかを命じる。おもむろに船の先頭に立ったサンがマイクを手に取り、おんぼろスピーカーが外に向けられた。メコンの川面にガサツな音量が広がっていく。

「皆様、ユンリン一座がご当地にやって参りました！」

2　とても〝いい加減〟な反骨

コメディ担当のトンが叫んでいた。

「チン、今日のおかずはなんだい」

聞こえた声のほうに向かうと、一座の半数ぐらいがしゃがんでメシを食っていた。

この一座に同行してしばらくの間、舞台が行われない昼間に座員たちがなにをしているのかが、どうにもなかなか分からなかった。お天道さまが昇っている時間帯に、彼らはまとまって姿を見せない。どこにいるのだろうといつも思っていると、一日に二回だけ、どこからともなく人が来て集まる機会があった。そう、いま目の前にある風景。炊き出しの時間だ。

問いかけるトンにチンが返す。

「カー・チン（揚げ魚）と、ラオチュア・サオ（高菜炒め）だよ」

「また同じじゃねえか」

「昨日とは違う魚のカー・チンだよ」

「夕方のメシはなんなのさ」

「きっとまた違う魚のカー・チンと、ラオムン・サオ（空芯菜炒め）だよ」

全員の食事はほとんど毎日チンが作っている。民家の台所などを借りて、大鍋におかずを作り、大釜でご飯を炊き出す。食事が出来上がる時間は、早起きの国ベトナムではもはや朝食とはいえない午前一〇時と、公演準備が始まる直前の午後四時。一日を通してこの二回のメシ時だけが、ユンリン一座の連中をまとまって見かける唯一の機会なのだ。

メシ時になると、各人がどこからかノソノソと集まって来る。鍋釜のまわりに車座になってノソノソと食い、軒先や木陰でノソノソと食い、食べ終わるとまたノソノソとどこかに散っていく。日々繰り返されるそうしたノソノソの風景は、とてつもなく平和で穏やかだった。そして、彼らといっしょに食べ、行動を共にしていると、最初に感じた疑問について否応なくある結論に達するのだった。

「彼らは舞台の稽古をしない。リハーサルもしない。メシを食ったり茶を飲んだりする以外に、昼間はほぼなにもしてはいない」

女優を含めた女連中は、炊事の手伝いや、舞台衣装の洗濯、繕いものなどする姿を見かける。が、男たちはほぼ全員がずっと暇そうにしていた。姿が見えないと思ったら、民家の裏庭、船の中、木陰など、つまりはあまり目立たない場所で寝ていたり、なにもせず惚《ほう》けている。村に一軒だけあるカフェに行って賭けトランプや賭けビリヤードに興じたり、近くの町にただ出かけてなにもせずに帰って来たりなんてこともある。あまり生産的な活動はない。ただハンモックに揺られる。惰眠を貪《むさぼ》る。茶を飲む。甘い菓子を喰らう。

芸人らしい活動としてイメージにありがちな、繰り返す稽古や、舞台リハーサルもほぼ見たことがない。仕事らしい仕事といえば、かろうじて若造たちが大道具や舞台の修繕をしているぐらい。そんな若造たちがたまに活動的になって、土地の娘なんかに声を掛けて下心交流を試みたりするけれど、なにかが実り進展する気配はやっぱりあまり見かけなかった。

膨大な暇をつぶすために、だれかれなく私にはよく声が掛かった。

「しかたがねえ、変な外国人と遊んでやるか」

といったところらしい。

そんな「暇つぶし」にもっとも誘ってきたのがドラム奏者のヤオだった。ユンリンからは、

「こいつの面倒を見ろ」

と最初から私の担当を命じられていたのだが、それ以来なぜかもう密着マークでいろいろ声をかけてくる。ありがたいことに、寝るときに必要だからと毛布やゴザを貸してくれた。ただ、それはぼろぼろでダニだらけだったけど。寒いときにはとっても温かいからと、長年愛用していた自分のジャンバーを惜し気もなく「格安で」譲ってくれた。ただ、ジャンバーを売って得た金で、翌日には新しくてよっぽど上等な上着を買っていた。

「ディ～・チョ～イ(遊びに行くぞ～)」

夜の公演終了後、ヤオのお決まりはこの言葉だった。ミュージシャン連中は役者のように着替えや化粧を落とす必要がないので、すぐに体が空く。そうなると、真っ先にヤオが寄ってくる。メイクを落としてすっぴんになるレハンなんかをひそかに撮影しようと思っていても、ズルズルと手を引かれ、とりあえずは手近な店に入り込んで、

「アン・コム(メシだ)、ウン・ビア(ビールだ)」

仕事が終わるのはいつも深夜だ。だから、公演場所周辺の店は閉まっていることも多かった。ならばとヤオたちは、近くの町まで出かけようと言い出す。村人のホンダを一台借り受け、無理矢理に三人四人乗り込んで田舎道を走っていく。ジャングルに囲まれた真っ暗なデコボコ道を延々と進むのはちと辛いのだが、男たちが真夜中に体を密着してワイワイ行くのはなんとなく滑稽だった。

繰り出す先は町といっても繁華街でもなんでもなく、メシ屋や茶屋が数軒あるだけの街道沿

いの小集落である。ただし、そこには必ず彼らのお目当ての「ビアオム」という場所がなければならない。ビアオムとは軽い肴と酒がある、いわば居酒屋といった趣ではあるのだが、特筆すべきは横に女性が座って飲み食いをサーブしてくれることだ。

そして、当然ながらそこは単に酒が飲めるだけの店ではなく、隣の女性たちからの特別なオプション・サービスが待っている。なにせビアオムは、そのまま訳せば「抱きビール」。ヤオたちはビアオムに行くと夜明けまで過ごし、みな飲酒もそこそこに店のオネーチャンに抱かれ抱きつつの特別サービスに夢中になってしまう。そうなると私はちょっと放ったらかし。もういろいろ気を使ってくれはしないのだけど、それはそれでありがたい。

＊

すっかり日が昇った後にダラダラ並んで帰ってくる男どもを、レハンはいつも苦々しく眺めていた。

「また、あんなところに行って」

と苦言をヤオたちに浴びせ、返す刀で

「どうして付いていくの」

とついでに私もいっしょに責められる。

女優のレハンはいわゆるアネゴ肌で、周囲への面倒見もいい代わりに、言いたいこともズバズバ言う。ベトナムでは珍しく、三〇歳をだいぶ過ぎても独身。年齢が近いこともあって、なんとなく気が合った。さらに、私には彼女は別格の価値があった。とにかく〝フォトジェニック〟なのである。たぶん、一座の中でもっともシャッターを切った被写体はレハンだったに違いない。

一座の中には、かつては役者だったという実兄もいた。なにかの理由があって舞台に上がらなくなったその兄が、いまは付き人のようにレハンの身の回りの世話をしている。この兄妹、他のグータラメンバーたちとは違い、昼間でもよく姿を見かけるので、けっこう話をする機会が多かった。ただし、兄の口癖がちょっと厄介なのである。

「こいつを嫁にどうだ。日本に連れてってていいぞ」

自分の妹をことあるごとに売り込む。ベトナムではよく聞かされる男の軽口なので、ずっと冗談半分にやり過ごしていたのだが、彼の場合は毎度あまりにしつこくて、異常なまでに熱心。どこまで本気なのか分からなくなってくる。

「やめてよ、最低ねえ」

などと、勝手に充てがわれたレハンが嫌がっても、このへんてこ兄貴はお構いなしだ。

しかしながら、いつの頃からかレハンがなんだか兄に対して言い返さなくなってきた。かつての迷惑そうだったり、恥ずかしがる素振りもとんと消え失せ、兄の話を嬉々として聞き、それどころか積極的に兄の話に乗ってくる。どうにも彼女の向ける眼差しが、艶《なまめ》かしく感じる瞬間が無きにしもあらず。

舞台の上で演じているレハンは魅力的だ。人を惹き付ける華やかさがある。日常生活ではあり得ない〝女優さん〟と懇意になる機会だったので、そりゃ「やぶさかではない」なんて感情が湧くのも否定はしない。だけどそれ以上に、彼女は一座の看板女優としての貫禄と眩しいオーラがあって、畏れ多くて手なんか出せない雰囲気を持っている。レハンは感情を深く表現する愛憎劇に多く登場して、得意にもしているが、こうした芝居で演じる情念の女が日常生活にオーバーラップすると、いささか凄味を感じざるをえない。

いつぞやの夜のこと。悲恋ものの舞台の幕間に、ソデに下がってきたレハンが舞台衣装と化粧のままこちらをジッと見ていたことがあった。特別な意味は一切なかったのだろうが、そのとき私は美しいなあと思う間もなく、背中に戦慄が走った。今夜の彼女は愛憎渦巻く悲劇のヒロイン。役さながらのレハンの佇まい。さすが女優。どうやら軽い気分の色恋ざたなんてのは、この南国の、この情念の、この気合い十分の女優の前では、もう鼻クソほどにも通用しない気がした。

＊

例によって、またミュージシャン連中と朝帰りをしたときだった。

レハンには見つからなかったが、代わって地元のローカル警官に呼び止められた。顔を見ると、前夜の公演終了後に、かなり酔っ払いながら

「なんで外国人がこんなところにいるんだ」

などと言い寄ってきた警官である。前日の遭遇時にはトンたちがこぞって
「この人は劇団の客人なんだ。これからオレたちが宿に送っていくから大丈夫だよ」

と言い捨てて、皆でホンダに乗ってとっととビアオムに来ちまったのだが、面倒くさいことに一晩明けたらまた出くわしてしまった。

以前にフックチュン劇団で経験した反省もあって、ユンリン一座に同行するときは事前に地元の警察や役所に挨拶に行くことにしていた。そこではときに酒をふるまったり、なにがしかを手渡したりして、私のオーバーステイは黙認されるように計っていたのだけれど、たまに地元の小役人やら木っ端警官がイチャモンをつけてくる。

「オレはなにも聞いてねえよ」

運悪く今回もこのパターンらしい。すぐに警官がなにかをオネダリしているのだと分かったし、要望どおりにタバコでも渡して収めちまおうと考えたりしたが、このときはどうにも酔っ払い警官への嫌悪感が先行した。思わず暴力的な一言を叫ぼうとしたら、私よりも前にヤオたちが強い口調で言い返していた。

「いい加減にしろよ。この人はなあ、オレたちの仲間だって言ってんだろ」

それから後はもう早口のベトナム語なので、両者がなにを言い合っているのかは分からない。いつからかレハンや他の座員もやって来て、こっちの味方はどんどん増えている。

実際のところきちんと宿泊施設に泊まったわけではなく、一晩ビアオムで飲んで過ごして戻

ってきたという微妙な立場。なれど、しばらく経つとなんだか「芸人」たちが「警官」を強引に押し切ってしまった。よっぽど悔しかったのか、すぐさま警官はもっと偉そうな警官を連れてきた。

「公演を中止にするぞ」

「あんたにその権限があるのか」

一悶着の第二ラウンドが始まった。今度は、それなりに大事《おおごと》になりそうな気配である。偉い奴には、こっちだって偉い奴だ。新たにユンリンがやり取りに加わって、場を収めにかかる。さすがは大スター。舞台さながらの大声を張って、大見得を切って、集まって見ていた村人たちも大喝采。番外劇でも彼はやっぱりヒーローなのである。

「さあ、オレのおごりだ。やってくれ」

最後にビールが運ばれ、みんなで飲んで、やおら散開してしまった。


結末はよく分からなかった。ただ、それまで出会っていた市井のベトナム人の中で、彼らのように表立ってあからさまに権力、いわゆる〝お上〟にたてつく姿というのは稀だ。長いこと一党独裁で社会主義のこの国において、とりあえず警察に逆らわないこと、まずは役人にへつらうことは、民衆の正しい処世術だと思っていた。事実、ハノイやサイゴンの路上で見てきた風景は、違法営業だと屋台のメシ屋が強引に店を撤去されたり、シクロ（自転車タクシー）乗りが交通違反だと閉め出されたり、天秤棒の物売りが無免許だと追い払われる姿だった。そのたびに民衆は抵抗もせず、いつも公権力の理不尽な要求に従い、泣き寝入りするしかない。賄賂をせびられれば払い、商売道具を没収されてもただ差し出すだけだった。

しかし、ユンリン一座の連中の警官や役人に対する言葉や行為は、まったくへつらいもせず、強気で挑戦的ですらあった。はったりや駆け引きや打算もあるのだろうが、彼らの言動は直線的で強く、聞いているこっちがハラハラするほど。この出来事はとてもありがたい一方で、なににおいても私には驚きを伴った。さらには

「面倒なことになって、すまなかった」

なんて私が言っても、

「オレたちはここに住んでないから、いいのさ」

なんて彼らは返すだけ。

旅に生きるカイルン一座を貫いている価値観が、一か所に固定された同じコミュニティに暮らす人びとと異なるのは当たり前かもしれない。

たとえばシクロ乗りや天秤棒のおばちゃんたちは、日々の生活の守られるべき後ろ楯を、あんなにいじめられても最後には、土地の警察とか役所といった〝お上〟に求めたがる。〝お上〟にしても最低限、住民の利益を守ろうとしなければ、地元社会から大きな反発を招きかねない。

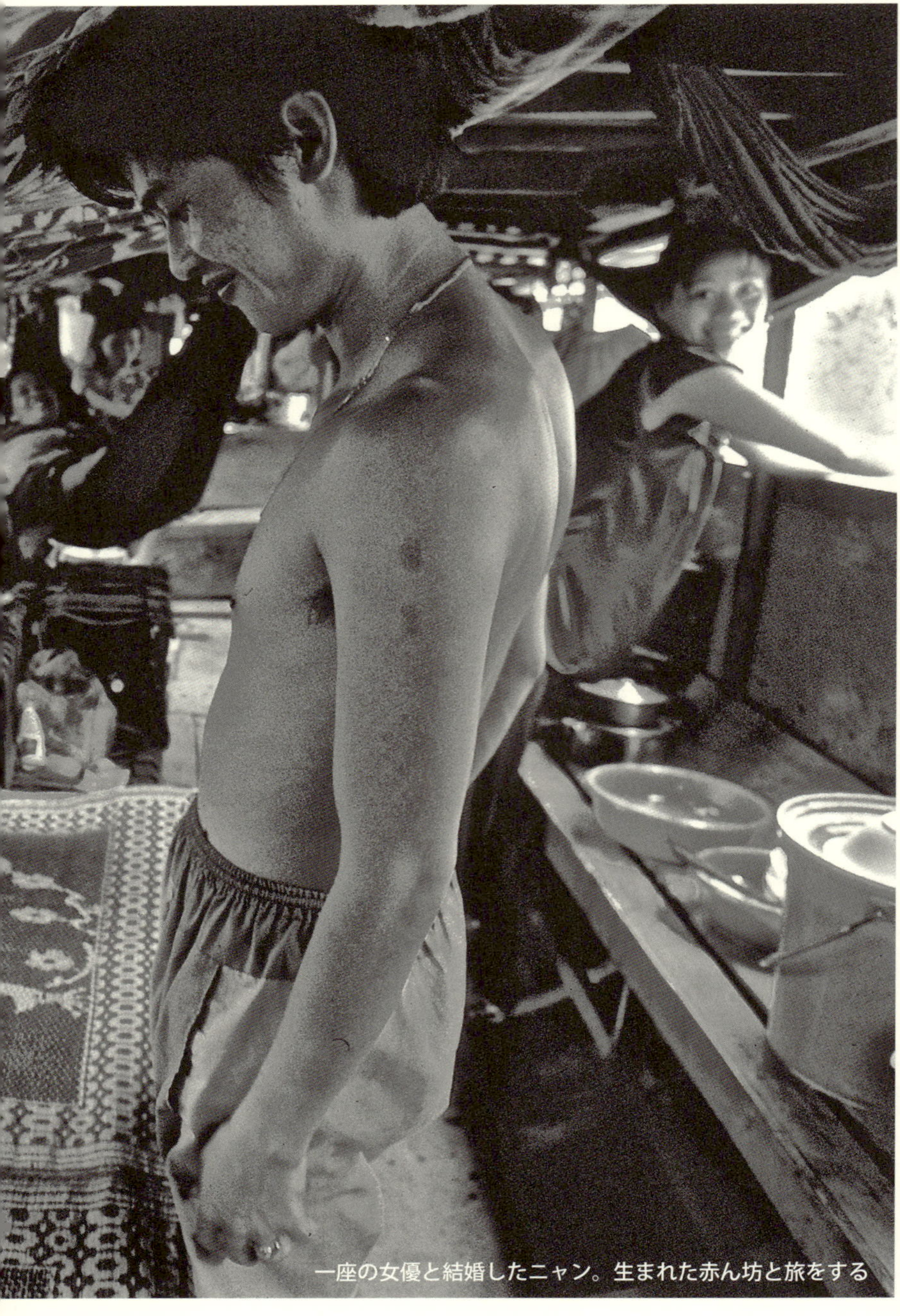

一座の女優と結婚したニャン。生まれた赤ん坊と旅をする

だが、よそ者で地域のはみ出し者たる旅の一座は、トラブルが起きても後回しにされるか、面倒ならば切り捨てられても問題ない存在だ。そんな公的機関から恩恵もあまり受けてはいない旅芸人たちにとって、おそらく権力とは、もはや自分たちの生活を保障してくれる存在ではなくなっているに違いない。とうにその庇護なども期待していないし、ゆえに従う意識も希薄ということだ。

旅芸人のような者たちは経験上、身に染みて知っているのである。起こる結果のすべては、どこかの権威や組織に頼ることなく、結局は自らが背負わなければならないことを。旅芸人たちがときおり見せる〝お上〟をまったくありがたがらない姿勢、もっと大袈裟に言えば反骨の姿というものは、一般的なライフスタイルとは一線を画した暮らしに由来するのだろう。不安定で根無し草的な日常だけど、その漂うような暮らしゆえに可能な、アウトロー的スタンスなのだとも感じた。

ただし、あまり強気な態度のままでいると、国家権力の理不尽な嫌がらせ、意地の悪い意趣返しがある。力関係の圧倒的な差は、いかんともしがたい。そして、ここからがまた旅芸人たちのユニークな部分で、しつこい輩の場合はとっとと逃げる。とにかくその場だけ避けてしまうのが得策と考えているようだ。

今回もどう言いくるめたのか知らないが、あの酔っ払い警官にはその後、私を見せない会わせないよう徹底的に皆で謀った。警官が来るのをだれかれなく見張り、連携して私を楽屋などに隠してくれる。地元の村人まで巻き込み、全員でなんだか楽しんでいる様子さえあった。そして、公演さえ終われば、跡を濁して飛び去り消えて、はるか遠くでアッカンベーをするだけである。ひとところに縛られないで、常に移動を続ける集団だからこそできる芸当である。まさに旅に暮らす彼らの真骨頂。

旅芸人たちは反権力姿勢を見せつつも、こだわりなんてものはない。彼らの反骨とは文字どおり「いい加減」であって、臨機応変にとても「柔軟な反骨」なのであった。

3　どさ回りの流儀

一座の面々が珍しくたむろして、借宿する村の一軒でテレビを見ていた。映っているのはハノイで行われている盛大な葬儀の模様。通りかかったら呼び止められた。

「おまえはファン・ヤン・ドゥン(南部なまり)を知ってるか。偉大な人だから、こっちに来て見なさい」

ベトナムの元首相で、ホーチミンとほぼ同世代の革命の重鎮ファン・バン・ドン(北部標準語)である。彼の死去にともない国葬が執り行われ、その模様が国営テレビで生中継されていた。なるほど尊敬される国家の英雄の国葬だから、さぞや厳粛な雰囲気かと思ったら、見てい

るレハンもチンもその他のメンバーも、テレビの前で大笑いし、大騒ぎしている。列席している政治家や軍人が映るたびに、

「次はこいつが死にそうだ」

「この間こいつが離婚した」

「あいつはだれそれの隠し子だ」

などなど。似た光景は日本にもある。おばちゃんが昼下がりのワイドショーで芸能ゴシップを楽しんでいる風景と大差ない。そのくせ横にいる私に対しては

「ちゃんと見ているか」

とそれらしく神妙に話す。さらにビックリして感心したのは、直後に行われた夜の公演の舞台上で、

「本日は同志ファン・ヤン・ドゥンの冥福を祈って」

などとチンが語り、〝お上〟が好みそうな〝正しい国民の姿勢〟を盛り込んで弔意を見せたことだ。チンは葬式の様子も神妙にあれこれ話している。どうやら昼間、テレビを見ながら夜の舞台のネタもちゃんと仕込んでいたようだ。いや、そのために葬式中継を見ていたのかもしれない。

ただ、いざ亡くなった英雄に捧げる演目は、水着の、それもかなりエロティックなビキニ姿になった恒例の火の輪回し芸だったりする。そこは前の夜となにも変わらない。

「お客さんはこっちのほうが喜ぶわ。ファン・ヤン・ドゥンだってたぶん喜ぶ。私はプロフェッショナルだから、どんな人でも喜ばすために舞台に立つのよ」

楽屋に下がってきたチンは笑う。ビキニ姿のまま堂々と。

ちょうどその夜のことである。公演の最中、ユンリンが激怒した。むろん観客の前ではない。舞台裏でのこと。彼の出番の途中の、楽屋に戻った一瞬だったので、あまり多くが目にしていないはずの出来事ではあった。

ユンリンは舞台から顔をしかめて下りてきた。かなり痛そうに手を押さえている。しかめた顔はすぐに怒りの顔に変わり、それまで同じ舞台にいたサンを呼びつけて、途端、腹にパンチを一発。なにかを叱責しながら、さらに足蹴りも入れて、思い出したようにまた痛そうに手を押さえる。

「なんど言えば分かるんだっ」

声は押し殺しているが、鬼のような形相でサンを睨み付ける。どうもサンが立ち回りの段取りを間違え、舞台での演技中にユンリンが手を負傷してしまったらしい。

怒るユンリンの顔を見ることも、なにか謝りの言葉を返すこともできず、ただひたすらサンは小さく縮こまっている。しかしながら、サンはチンピラ役の滑稽メイクを施したままなので、悲しいかな彼の表情にまるで切迫感がない。もともと情けない顔だから滑稽メイクが映える。普通なら大いに褒《ほ》められていい、抜群の出来映えだったのだが……

「おまえは、ふざけてんのか」

やはり、さらなる怒りをユンリンから買ってしまった。

はたで見ていて腹を抱えて笑いたかったが、そんなの許される雰囲気ではない。いつもおちゃらけているサンの深刻な姿も珍しいけれど、こんな激しいユンリンも初めて見た。

主役であるユンリンはまたすぐに出番がやって来るので、急ぎ一言だけサンに告げて舞台に戻って行った。表舞台のユンリンは、手の痛みを感じさせない元気な芝居で客を沸かせている。一方、ひとり残されたサンはいっそう小さくなって、楽屋の端っこでポツンとしょんぼり立ったままだ。落ち込むサンに、ビキニを脱いで豪華な衣装に着替えたばかりのチンが声を掛けていた。

「舞台ではだれも助けちゃくれない。プロの役者にとって大切なのはどういうことか、ユンリンは教えてくれてるんだからね」

＊

演目は毎日、ユンリンが客の集まり具合を見て決めていた。それは開演直前になって通達され、メンバーたちは聞いて静かに了解し、衣装や道具を整然と備える。ある者は集中して無口になり、ある者は身を清めるように川の水を浴びたりする。それぞれが役者の顔になって化粧台に向かうと、もう声は掛けられない。昼間の暇そうでグータラしている姿が嘘のように、一変する雰囲気。いままでいっしょに遊んでいた友達が急に家に帰ってしまい、自分だけが取り残された寂しい気分である。

余計なことを話さず、慌てもせず騒がず、もはや「プロフェッショナル」と言うしかないメリハリの効いた段取り風景。夜になって幕が上がれば、少なくとも他人に観せるだけの芸があり、その芸に真っ当に取り組む人たちがそこにはいる。ほとんど世の中ついでに生きている風で、決して一流の芸術家などではないのだけれど、一日数時間だけ、彼らは間違いなく人びとを魅了する存在になる。

チンの水着の舞いや、ユンリンの激昂、サンの神妙だって、およそ昼間からは想像できない真剣な仕事人の姿だ。役者やミュージシャンたちの夜の顔は、意外なほど昼の顔とは異なった。

あの日からしばらくの間、サンが舞台に立つことはなくなっていたが、チンをはじめとした一座の厳しい「プロフェッショナル」たちは彼に言うのである。

「ユンリンに謝ったかい」

「まだ……、ちゃんとは……」

「謝って仕事しな。あんたが働かないと、みんなが困る。カイルンの役者でしょ。遊んでるんじゃないんだからね」

役者は、演技力や歌唱力があるか。ミュージシャンは、どれだけ楽器が扱えてレパートリー

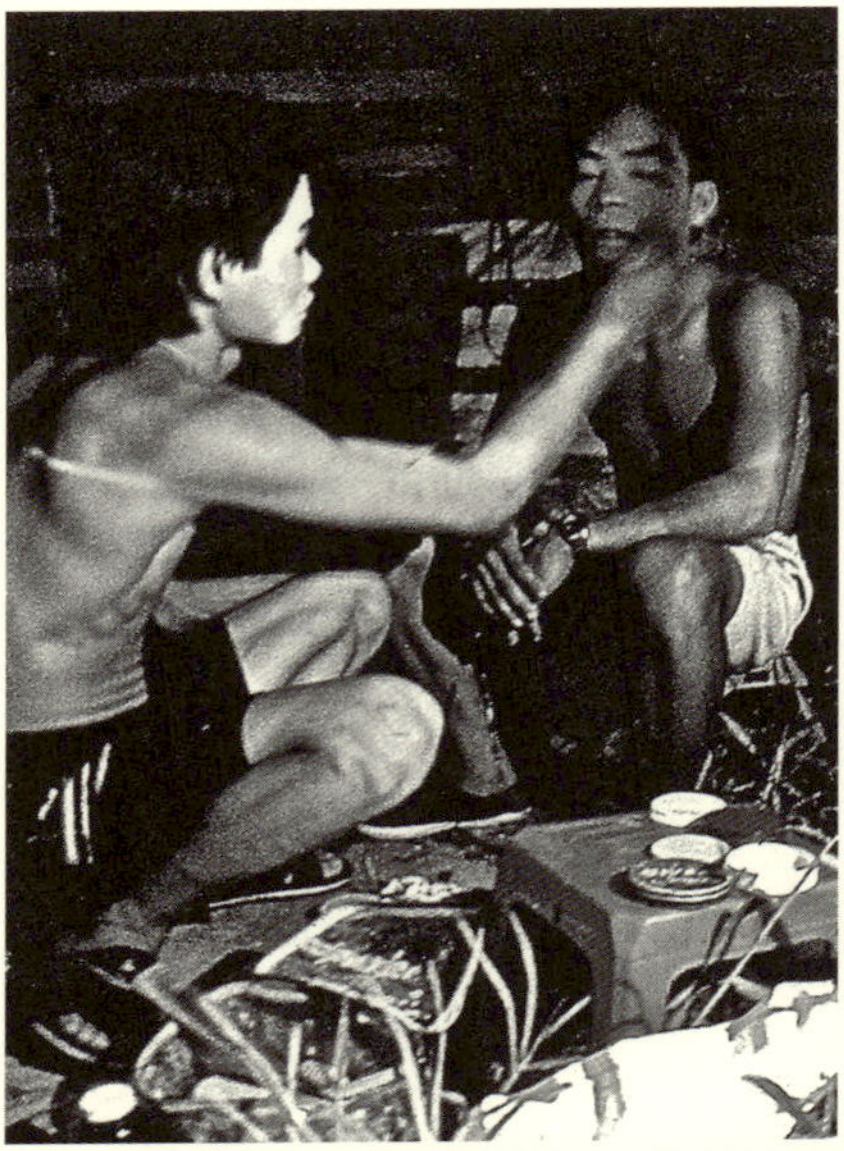

があるか。下っ端はせめて体力はあるか、手先は器用か。座長や幹部なら、マネージメント能力なんてのも大切なスキルになる。旅芸人たちにとってどこでも通用する芸を持つこと、それで生きていける技能を身に付けることが、暮らしを支える柱になる。

都市の決まった劇場に雇用されているならいざ知らず、旅暮らしの芸人たちには常に職場が用意されてはいない。流動化する生活や稼ぎ。その日その日、客の入りによって受け取るギャラは変化するし、その手渡されるしわくちゃのドン紙幣を彼らは自分の腕一本で稼ぎ出さなければならない。

「だれも助けちゃくれない」

最後の頼りは自らの力量だけと彼らは納得ずく。カイルン劇団の旅芸人がどこか無頼を気取っていられるのは、個々人がそんな独立した職人的気概を持っているゆえんだろう。プロフェッショナルの自信とプライドは、それだけ振りかざしていても稼ぎにはならない。プロ意識とは自分が生き抜く技能。ことさら旅芸人には、きっとそれは備えなければならない最低限の嗜《たしな》みなのである。

別の一座からの引き抜きや移籍話は当然のようにある。腕一本で渡り歩く世界だから、いい役者は他の劇団から声が掛かり、待遇に不満のあるミュージシャンは楽器ひとつ携えて去っていく。旅のカイルン一座は家族的ではあるが、家族や家庭そのものではない。実際、裏切りや出し抜きは彼らの得意とするところで、それにまつわるゴタゴタも日常茶飯事ではあった。

何度目かに会ったあるとき、ユンリン一座では若手のミュージシャン一人が辞めなければならなくなっていた。劇団の金を盗んだらしい。事はそれだけに収まらず、彼の師匠筋のミュージシャンともども辞めなければならなくなった。それでは演奏に支障がある。仕方がないので、なぜだか金を盗んだ若手だけ劇団に残る結果に。そして、彼がどこからか新規にミュージシャンを連れてきたものの、そいつが喧嘩っ早くてトラブル続出。しまいにはミュージシャン全員が解雇。ゴタゴタが複雑すぎて、もう理解不能だ。

また、若い女優が他の劇団に引き抜かれたと思ったら、数か月後に子どもと夫を連れて帰ってきたこともあった。

「大逆転だよ。人が二人も増えちまった」

引き抜かれた経緯も忘れて、みんなで大喜び。しかも、その夫は別の劇団の看板役者だったりする。

一座を去ると決まった人間に対してはドライに送り出し、来る者も拒まない。いつまでも引きずってはいない。たまにしか訪れない私なんぞは毎回メンバーが入れ替わっていることに驚き、いなくなったメンツを寂しく思ったりもするのだが、

「よくあることさ。しばらくして戻る奴もいるから、またいつか会えるよ」

と彼らはこともなげに言う。

旅芸人の舞台は、稽古不足でも幕は上がる。が、いない役者をいちいち気にしていたら、日々は成り立たない。

だれかが突然いなくなっても、どう入れ替わっても、見事なまでにユンリン一座はまったく余裕で、変わらなかった。しかし、そう得心して感心もしていた矢先、ひそかに事件は起こっていた。

久々に一座を訪ねようとメコンデルタのカントーでその行方を探していたら、なんとも不可思議な情報が入ってきたのだ。

「ユンリンという名前の劇団は、いまは見当たらない」

「解散したのですか？」

「分からないなあ。でもドンナイ省（ユンリン一座が登録、管轄地域の省）のカイルン劇団なら、違う名前のものがある。これに変わったんじゃないか」

にわかに信じられないが、それはユンリン一座が「ユンリン」ではない別の名前で活動をしているという情報だった。

すわ、彼らになにが起こったんだ！

事の顛末は第7章へと続く。だが、その前に旅芸人たちにいざなわれた、さまざまなメコンデルタの旅へ寄り道。

第3章 マングローブはカイルンを待っていた

●カマウ●

1　蚊がいっぱいの最果てへ

ユンリン一座と出会ってまだ間もない二〇〇〇年代前半の頃。ユンリン座長が言った。

「次はこのままミンハイまで行く」

手持ちの地図を見たが、その場所が見当たらない。メコンデルタの南のほうだとおよその認識はできていても、どこなのかちゃんとは分かってはいないままに、

「遠いなあ、でも行くよ」

と返答したのだと思う。きっと。たぶん。

ほどなく私は一座の連中と同じように船に乗せられて、未知なる「ミンハイ」への途にあった。


私は旅の芸人たちに身を任せ、彼らとベトナムのいくつかの土地を旅した。そのほとんどは、私が買い求めたベトナムの地図に地名が書かれていない。芝居幕を張るのは街道沿いの広場だったり、川沿いの寺の境内だったり、ただの空き地だったり。地図上にある〝町〟ではなく、そこから横に逸れて入り込み、潜り込み、漂着する名前のない〝集落〟。持っていた地図

に知らない地名を入れる日々だ。

そうして自分の中には、初めて訪れるベトナムの土地、出会ったベトナムの人びとが積み重なり、占められていく。旅芸人にいざなわれるままに見た風景。思えば、それがそのまま私にとっての〝ベトナム〟になった。

「ミンハイは私の故郷よ」

公演に向かう場所についてチンが話をした。彼女の説明では、以前から地図上にあった「ミンハイ省」は最近「バクリュウ省」と「カマウ省」に分割され、公式な地名にあまりに使われなくなっているそうだ。ただ、地域の名称としては健在。いまも昔も「ミンハイ」と言えば、ベトナム最南部一帯を指す。

「ミンハイにはなにがあるの？」

「モイ(蚊)さぁ。モイ・ニュー(蚊がいっぱい)」

男たちが口を挟んできた。

「蚊はおまえのことが好きだからよ、いっしょにいれば蚊は全部そっちに行くからよ。こっちには刺しに来ないさ、へへ」

不思議なことに、公演前の夕方や公演後の深夜など、一座の連中と外にいて蚊に刺されるのは圧倒的に私だった。ベトナム人の彼らは蚊に刺されないのか、刺されても痒《かゆ》くないのか、気にする素振りをあまり見せない。

痒くさえしなければ血などいくらでもくれてやるのに、どうして蚊はああいう置き土産をしていくのだろう。しかも、飽きずに何か所も。メコンデルタでは、脚はいつもボコボコになった。蚊に刺された隣も刺され、刺された上をまた刺され、数えきれない無数の跡はまるで南国野菜ゴーヤのようだった。イボイボがなだらかで、そんなに尖ってないベトナムのゴーヤの触感、あれである。

見かねたチンが、よく蚊取り線香を足元に置いてくれた。

「蚊に刺されなくなるから」

とレハンは緑色の液体が入った小瓶を差し出し、肌に塗るように勧めてくれたりする。これ、ベトナム人が「ヤウヨー」と呼ぶ、とくに女性必携のハッカ油である。頭痛にはこめかみに塗り、乗り物酔いには鼻の下に塗り、まれに鼻の穴に突っ込んで吸う。切り傷、虫刺され、生理痛、腹痛、風邪を引いたときのほかなんにでも使うが、なんにどう効くのか定かではない、ベトナム国民御用達の謎の万能薬だ。

一座の女たちはヤウヨーをみんな自分用に一瓶持っていた。たしかに強いメンソールの香りと効果で、塗るとスッとはする。しかし、残念ながら蚊取り線香同様、これらのベトナム産は自国の蚊の襲撃を防いではくれなかった。メンソール効果も一瞬で、痒みには焼け石に水。気が付けばいつも脚がゴーヤになり、腕が手がゴーヤになり、ハンモックで寝ていると背中全体がボコボコしたゴーヤ状態になった。

ベトナムにはマラリアがある。デング熱がある。日本脳炎がある。そして、これらは蚊が媒介する。

マラリアは、ハマダラ蚊という特定の蚊に刺されて罹患する。ただし、マラリアには大きく四種類あって、ベトナムなど東南アジアのハマダラ蚊に刺されてなるのは「三日熱」「四日熱」という種類だ。残り二種と異なり、とりあえずかかっても直接は死ぬことはない。高熱を発する決して甘い病気ではないが、極端に重篤な状況は招きにくい。

ひそかに私はマラリアに対して一家言ある。ベトナムではない国で〝死ぬマラリア〟を二度ほど経験している。罹患しても免疫ができないのがマラリアの厄介な点で、ハマダラ蚊に刺されれば、どれだけ〝死ぬマラリア〟を経験していても〝死なないマラリア〟にはなる。だから、心構えと知識の免疫はできていた。いくら刺されたって、まぁ、いいか……。とは言いつつ、やはり膨大に刺されると膨大に痒い。なるべく刺されたくはない。ミンハイに蚊はどれだけウジャウジャいるのか、はたして私はミンハイでどれだけ蚊に刺されるのか。

「蚊はいらない。蚊は大嫌いだ」

いかにも嫌そうな顔で言っていたのだろう、まわりの男たちは面白がって、追い打ちをかけてきた。

「モイ・ニュー、モイ・ニュー。ミンハイは川しかなくて、森ばっかりで、遠くて、すげー田舎だよ。モイ・ニュー、モイ・ニュー」

彼らによれば、田舎には蚊がいるもの。とっても田舎には、とっても蚊がいるもの。そして、とにかくミンハイは蚊がいっぱいの、めっぽうド田舎ということのようである。

もっとも、この蚊の情報以外に一座の連中はさしてミンハイについての話題を持ち出さなかった。どうもチンや一部を除いては、初めて行く者も多そうだ。彼らだって本当は、たいしてミンハイを知らないのである。それでも他人に「知らない」と言えない例のベトナム人たちが、知ったふうな顔でミンハイのなにかを異国人に話したかったのだろう。ミンハイとはベトナム人の彼らにとってもはるか南に遠い、かなり田舎の、ついでに「モイ・ニュー」の、なんとなく最果て感が漂う場所らしかった。

＊

着いたのは木々に覆われた村だった。ハマダラ蚊ではなく、老いた村長が待っていた。

「来てくれるのをみんな心待ちにしていました」

ユンリンに村長が話しかける。

「しばらく来ない間に、森もずいぶん大きくなりましたなぁ」

ユンリンが村長に答える。

どこをどう進んでやって来たのだろう。何日もかかって入り込んだその村は、深い森によって町から隔絶されていた。実際の距離以上に遠さを感じてしまう、最果て感満載の場所だった。

下っ端座員がどんどん荷を降ろし、舞台設営の準備を始める。横では村長とユンリンが、ジャングルのように茂って周辺を覆う木々について、頼んでないけどレクチャーしてくれた。

「すべて村人が植えたのです」

このあたりは「ウーミンの森」と呼ばれ、あっちこっちに地元住民が植林した森があると彼らは話す。目に付く特徴的な森の木々はマングローブだった。マングローブとは海水と淡水の混ざる汽水域に生育する植物の総称で、見た目の違うさまざまな植物が含まれている。巨大なシダのように葉を出すものや、タコ足のごとく根を生やした樹木もある。網の目のように河川が流れる低湿地のミンハイはマングローブの植生に適した土地であり、海岸付近にとどまらず、こうした内陸部まで広大なマングローブ林を形成していた。

ところが、そんなミンハイのマングローブはある時期ほぼ消滅した。理由は一九五五年から七五年まで続いた激しい戦争。あの長い「ベトナム戦争」によってメコンデルタでも多くの人が亡くなり、豊かだった土地はすっかり破壊され、ことさらウーミンの森のマングローブは米軍の枯れ葉剤の爆撃で一面の枯れ野原となった。

国父ホーチミンの残したこんな言葉がある。

「木を植えよう、一〇年の未来のために。人を育てよう、一〇〇年の未来のために」

国家の将来のためにはなにより人材育成が大切だという教え。だが、同時にホーチミンはそこに「木を植えよう」と添えている。長い国づくりを見据えつつ、戦後復興には教育と並行して荒廃した国土の立て直しが急務だった。自然環境を回復させなければ、田畑も実らない。食べるものがなければ、人も育たない。

「一〇〇年」の前には「一〇年」の未来が必要だった。かつてベトナムの長い海岸線には、まるで国土を守るようにマングローブが茂っていた。ホーチミンが「植えよう」と呼びかけた「木」とは、戦争で失われたこのマングローブを指していたのかもしれない。

ウーミンの森の生活も、マングローブの恵みと共にあった。マングローブ林の生態系からはさまざまな食料がもたらされる。樹木そのものは家を建てる材料になり、火を起こす燃料にもなった。たとえホーチミンの言葉がなくたって、森の再生こそが生活に必要だと分かっていた村人たちは、マングローブを育て、守り、復活させようとしただろう。

「苦労してきた人たちのために、また楽しい舞台を見せますからね。そのためにここまで来たのですから」

ウーミンの森に入って、いつになくユンリンがちゃんとしたことを話しているので驚いていた。きっとユンリンは定期的に見ていたのだろう。森が大きくなるさまを。暮らしが復興していくさまを。人びとが木を植えるさまを。村長もユンリンに言葉を返す。

「そうだね、だいぶ森も立派になった。あんたらが来てくれるのをこの森も待っていたことでしょう」

ミンハイを訪れたユンリン一座は、こうしたマングローブの森の小さな村々で公演を続け

マングローブの村に旅の一座がやって来た

人とマングローブが暮らすカマウ

た。戦争中はおろか、戦争が終わったって芝居や演芸を観る機会なんぞなかった村である。村人にとっては、年に数回だけだが、こうして目の前にやって来る旅芸人は唯一の大きな娯楽だったはずだ。最果てのミンハイ。そこでは木を植える人たちとマングローブが、旅のカイルンを待っていた。

2 森の賢者とペリカン

ベトナムは北上するとその先は中国になっていて、意外にも多彩な物や人が最北の国境からやって来る。行けば行くほど町がなくなり、人の気配が消えて寂しさが募るのは、まっすぐ南に向かう旅のほうだ。この国では〝最果て〟は南にある。

ちょっと歌いたくなった。

♪ご覧あれがカマウ岬、南のはずれと、見知らぬ人が指を指す

冬景色の津軽海峡は北のはずれ「竜飛岬」が最果て感を演出するが、熱帯ジャングルの南のはずれ「カマウ岬」も負けずに寂寥《せきりょう》感があった。国道一号線からようやく整備された道が通り、少しは岬周辺も観光開発を試みた様子はある。しかし、期待を裏切る中途半端で残念な開

発状況に、あまり来る人もなく、それがいっそう寂しさを増大させていた。

ただ、生きものを寄せ付けない厳しい北の風土と異なって、熱帯のそれは生命力旺盛で圧倒的だ。なにより生命を支える太陽と水に満ちている。カマウ岬やウーミンの森を含めた〝ベトナム最南端の省〟カマウをうろうろしていると、熱帯雨林の中に意外と人が住み、人間の営みがあった。最大の市街地は省都カマウ。人口二〇万人以上の、これも思ってもみなかった賑やかな都市だった。さらに国道一号線を南下するとカイヌォック、ナムカンと大きな町が点々とある。そうした場所を拠点に、ユンリン一座はマングローブの森の集落へと向かう。

ミンハイの深部では、陸上の小さな道路はすぐに熱帯の密林に行く手を阻まれる。また、縦横に川が流れ、陸の道路は橋がなければ自由往来にも支障をきたす。メコンデルタのこのあたりで重宝される交通手段は、まだまだ船だ。川や運河が生活道だ。カマウ岬にも船で近付くことができるし、われわれのどさ回りもそうした水路を伝ってもっぱら続けられていた。

町を離れるとすぐに低い木々に囲まれ、どんどん深い森になる。狭い水辺を行くと、途端に樹木の緑と空の青さだけが頭上を覆う。だが、そう思った矢先に大きな川に合流し、人家があり、市場が開かれる集落が現れる。そして、旅芸人一座は気が付いたようにそこを公演場所にする。

行き当たりばったり、当てずっぽうに川を進んでいるように見えても、人が集まる公演可能な集落はそれなりにあった。ここは人跡未踏のジャングルではない。船上から眺めるだけだと飲み込みにくいイメージではあるが、鳥になって上空から見下ろせば、きっとあちこちに人の暮らしが見つけられるだろう。

はたしてデルタの熱帯密林にはどれだけ人の暮らしがあるのだろう。およそ見当はつかないが、大きな建物、固まった集落はやはり一部にしかなく、多くはたまに出くわす人家以前の掘っ建て小屋ばかりだった。

その人家以前にやっと一人二人の人間が住みついていて、全部集まったってそう多くはないはずだ。そんな彼らがそれぞれ畑をつくろうとし、田んぼをつくろうとし、豚を鶏をアヒルを飼おうとし、池では魚を育てようとしていた。気を許せば埋もれてしまいそうな旺盛な熱帯の樹木に抗って生きる糧を得ようと小さく大地を耕している。

なにもこんな所にと思うけど、「いやいやこんな所だからゼニを稼げるのだよ」とひょっとしたら言われるのかもしれない。大きかろうが、小さかろうが、それが猫の額だろうが象の耳だろうが、人間の営みであることに変わりはなかった。

＊

カイルンを心待ちにする男の営みも、そこにあった。

「こいつを町の市場で売ったら、夜またここに来る。ずっとカイルンを楽しみにしてたんだから」

売り物という大きなペリカンを抱えたその男は、チンの遠縁だと紹介された。話していたとおり、彼は夜にやって来てカイルンの舞台を楽しんで帰ったのだが、翌日再びやって来た。どうもカイルンとは別の〝娯楽〟を発見したようだ。

「この日本人を連れてくぞ。ペリカン捕まえるの見せてやる」と男は私を誘う。

「あたしは行かないよ。大丈夫なのかい？」とチン。

「問題ない」と私。

「問題ない」と男。

彼の家は、一座が芝居の幕を張った集落からそう遠くない場所だという。約束は二～三日。クリスマスの日付だったから、正月前には戻るということで、私はユンリンたちと離れペリカン男の家に向かった。


マングローブ林の外に拓いた水田があった。弱々しい稲が低くまばらに並ぶ田んぼの横、農作業小屋かと思ったら男の家。

中に招かれしばらくすると、静かに二人の男性が入って来た。一人は初老の近所に住む隠居。一人はもう少し老いた、これまた近所に住む隠居。二人はウーミンの森で生まれ育った幼なじみということだった。

両親を亡くしてからずっと一人で生きていたペリカン男にとっては、この隠居たちは父親代わりのような人らしい。しきりに男が幼かった頃の古い話をした。巨大なマングローブがあって、川で泳ぎを教え、魚捕りを教え、ペリカンの居場所を教え、どの植物が食えて、どの植物が薬になるかを教えたという。二人の隠居老人はここでの生きるすべに長じた、いわば森の賢者というべき人たちであった。そんな賢者を呼んだ訳を男は話す。

「ペリカンはこの人たちと協力して捕まえる。大切なのはドアン・ケット(団結)。チームプレーなのだよ」

男の子ども時代だった話は、やがて男の父親の話になった。隠居老人らは戦争で死んでしまった男の父親とも幼なじみだったらしい。二人はあまたの死んだ人と、あまたの生き残った人のことを、記憶をすり合わせるかのようにかわるがわる話す。戦争前の森を思い出し、そして、戦争以来の森の変わりようを残念がった。

「戦争で森が消えて、ペリカンがいなくなってしまった。だからオレたちはドアン・ケットして、ずっと木を植えていたのだよ」

ウーミンの森の人はどこでも植林の話をしたがる。異国人には必ずしなければいけない事柄らしい。

さらに、二人は付け加えた。

「オレたちは戦争しながら、木を植えていたのだよ」

森に暮らしていた老人たちは南ベトナム解放民族戦線の兵士、いわゆる「ベトコン」としてこの土地でアメリカとの戦争に参加していた。どう関わっていたのかよく分からないが、とにかく森に起こった戦争を、森の中でひたすら戦っていたのだ。

マングローブの森は米軍の飛行機からの格好の隠れ家だった。メコンデルタに展開する米軍は、そうしたマングローブ下に潜むベトコンの地上ゲリラ戦に疲弊していた。そこで当時の米空軍参謀総長カーチス・ルメイは―彼は東京大空襲で日本の首都を焼き払った人物なのだが―、まったく同じ作戦をベトナムでも選択する。上空からの絨毯《じゅうたん》爆撃。メコンデルタのベトコンを丸裸にすべく、拠点であるマングローブ林に無尽蔵の空爆作戦を始めた。最初は焼夷弾。そして、投下され続けた有毒な除草剤に、メコンデルタのマングローブの木々は二～三日で葉が落ち、数か月で枯れた。

「ベトナムを石器時代に戻してやる」

そうルメイは言い放った。しかし、彼は知らなかった。枯れ葉剤作戦で「石器時代」になったはずの地上では、森の賢者たちがずっと木を植え続けていたのである。

「木を植えて、ペリカンが戻るのに二〇年かかったわい」

顔に刻まれた深いシワをゆがませ、賢者の片方が言う。痩せて筋張った体のもう片方の賢者は、やおら立ち上がって、小さな声で話す。

「さて、ペリカンは明日だ」

夕方、二人は静かに男の家を出て行った。

日が昇った頃、暑さと眩しさで、お決まりの不快な目覚めである。体を起こし、苦々しく家の中を見回してもだれもいない。隠れようもない狭い家なので、家主はどこかに出かけた後ということだが、家の外に出ても男が近くにいる気配はなかった。

音がない静かな朝に身を置いていると、にわかに田んぼの遠い一角が騒がしく、水しぶきが飛んだ。寝起きの目を凝らしてみたらビックリ。男が大きなくちばしのペリカンに絡みついて、田んぼの泥水の中でバシャバシャ格闘している。あたりに人影はなく、ひとりぼっちの闘い。三人ではなく、一人でくんずほぐれつしている。

最後に男は体ごと田んぼに倒れ込み、大鳥を取り押さえると、たちまち足を縛りあげて獲物を手で持ち上げた。泥だらけの体はパンツ一丁。筋肉質の体が白いペリカンを抱え、一人で畔道を歩いて家に戻って来る。

「やっと。やっとだ」

男が通り過ぎて呟いた。あたかもヒーローが凱旋する、映画のワンシーンのようである。

前日まで、田んぼに仕掛けたワナにペリカンがかかることはなかった。男たち三人は毎日、落胆していた。この日もこれから二人の隠居がやって来て、獲物のいないワナを見てガッカリするものと思っていた。がしかし、その前に男が一人でペリカンを仕留めてしまった。仕掛けワナを使わず、他人の助けも、〝ドアン・ケット〟もなく、人間一人が野鳥に近づいて強引に

元ベトコンの隠居老人

る。

手づかみで捕まえたのだ。世界の片隅では、いつもだれも知らない間に〝奇跡〟が起こってい

一方、ペリカンと格闘した後の田んぼは無惨に稲が倒れて、荒れ放題になっていた。男はというと田んぼを気にする素振りはない。

「鳥が捕れりゃいい。どうせここじゃあ米は育たねぇ。さて、ワナを見に行こうか」

川で泥だらけの体を洗い、家でしこたまメシを食ってから、ワナが仕掛けてある別の田んぼに向かって家を出て行った。

もともとマングローブがあるこの周辺は、稲作するにはあまり適さない土壌だった。低湿地でふんだんに水はあるものの、その水には少なからず海から上がる海水が含まれている。なので、塩害で農作物はあまり育たない。たまさかメコン川上流で雨が少なかったりすれば、河川からデルタに流れ込む淡水量が減少して、さらに塩分濃度は高くなる。そんな年は、どんなに人間が耕したって収穫できる米の量はたかが知れている。

しかし、貧しい田んぼでも、ペリカンはそこにいる小魚を餌にしようとやって来た。案の定、鳥は高いところから人間の営みが見付けられるのである。

夜明け頃、上空にペリカンの姿を見付けた男は稲と草むらの間に隠れ、獲物が空から降りて来るのをずっと狙っていたそうだ。おそらく男にとっての田んぼとは、もはやペリカンをおびき寄せる餌場としての扱いでしかないのだろう。

彼はいつも川から魚を獲り、干し魚にして売っていた。これら自然の恵みは自給の食料としては足るが、現金収入につなげるには商品価値に乏しい。森の住民の中には農地を借りて稲作する者もいたし、銀行から金を借りて豚など家畜の飼育をする者もいた。だが、男の口からはそれで成功した者の話はついぞなく、残った借金の大きさだけを聞かされた。田んぼで「収穫」できる大型の鳥は、昔からそうしたウーミンの森の人たちにとっては貴重な生活の糧だった。

「いまは、ペリカンは捕まえたらいけないらしい。だけど、昔から捕ってるし、この貧乏じゃ仕方あるめえ。もしも病気になったって、オレたちは病院に払う金さえもない」

これまで男は大きな病気にかかったことがないと話す。近くに病院はないし、医者もいない。遠くの町の病院にかかる金もない。ここで生きるには体が頑丈なことが必要で、自分が死ななかったのは病気にかからなかっただけなのだと真顔で言う。

「本当はなにもないんだよ、ここは。ペリカンも、カイルンも、みんなたまにしか来ない」

二人の老人も、この日に限ってまだ来なかった。

ウーミンの水田に稲が低く育つ。湿った風が吹き、やがて雷雨になった

3 幽溟の森

ベトナム語はその成り立ちから、基本的にはすべてが漢字に置き換えられる。「ウーミン」を漢字にすると、「幽溟」となるらしい。あまりにも暗くて深い、世間から隔絶された場所。なんともオドロオドロしい意味が地名に潜む。

そんな「幽溟の森」に思いがけなく光が差し込むことがあった。

一九八〇年代後半から始まったドイモイ政策。資本主義経済の導入で活発化する輸出産業にあって、ベトナム最大の輸出品目は水産物だった。ことさら付加価値の高い養殖水産業の振興を国が提唱し、急速に発達する。九〇年代、新しい技術の導入とともに水産養殖の花形となったのがブラックタイガーなどの養殖エビ。そして、ウーミンはその生産地として一躍脚光を浴びる。

突如目の前に開かれたグローバル市場では、日本や中国や世界が大いにエビを買ってくれた。投資に比べて高い収益性があり、なにより現金収入を得られるエビ養殖は、爆発的なブームとなる。

エビ養殖には海近くの汽水域が適する。うってつけの土地が、カマウ省のマングローブ地帯には広大にあった。海水が混ざるこの土地は塩害で米は実らないが、エビはよく育つ。農民たちは水田を次々とエビの養殖池へと転換し、足りなければマングローブの木々を切り、森を焼き払って生け簀をつくった。ミンハイの各地にエビ養殖業に飛びつく人が雨後の筍のように現れ、ほどなくウーミンの森にもエビ養殖で大儲けした農民の〝エビ御殿〟が建ち並ぶようになった。

初期のエビ養殖は小規模零細で、潮の満ち引きを利用し、給餌もしない粗放的な方法が多かった。だが、さらなる収益を望む農民たちは、タイなどの先行地域で行われていた集約的エビ養殖の業態に移行していく。ポンプで水を管理し、人工飼料を与えて高密度で短期間にエビを育てる。そこでは水中酸素の補給に水車などを回さなければならないし、効率的な養殖に化学薬品の使用も必要になった。こうして手間やコストはかかるが、集約型養殖は粗放型より数倍の収量をもたらした。メコンデルタはもとより、ベトナム全土で集約型養殖が主流になるのはあっという間だった。

しかし、急激な集約型の広まりとともに予想外の事態が起きる。狭く閉じた生け簀での養殖では、どうしても投入する薬剤や餌の食べ残しなどで水質は悪化する。海水を取り込み、循環させる樹木を失い、水質の自浄能力が乏しくなった土地。養殖池の汚染は止まらず、数年でエビの生産量は激減したのである。

決定的だったのは、大量のエビがいきなり死んでしまう原因不明の病気の蔓延だった。対策としてさらなる抗生剤など投入するものの、これがまた別の問題を引き起こす。たとえば二〇一三年、ベトナムから輸出されたエビからエトキシキンが検出される。エトキシキンとは殺菌剤や除草剤にも使われる化合物で、病気予防の抗酸化剤として養殖魚用の餌に混ぜられていた。だが、あろうことかベトナム産エビの最大輸入国・日本で規制値を超えて検出されたのだ。すぐさま日本はベトナム産エビの輸入を制限。ベトナム産の食品全体にも一気に安全性への危惧が高まった(後に日本側の規制値の見直し、緩和によって、エビ輸入は再開)。

ベトナム国内の多くの場所で、養殖を五年も続けているとまったくエビが育たなくなる状況が頻発した。しかしながら、メコンデルタには手つかずの土地はまだまだあった。養殖業者たちはエビが獲れなくなった池はとっとと放棄し、再びマングローブの森を伐採して新しいエビ養殖池の造成、開発を繰り返していく。カマウ省では、あの「木を育てよう」とベトナム戦争後に植林された森も伐採された。戦争でさえ失われなかった原生林も、ウーミンの森ではエビの養殖池のためにどんどん姿を変えていった。

「あの二人もエビをやっていた。でも、すぐにエビが病気で死んじまって止めちまったのさ。それで借金だけが残った」

まだ姿を見せない老人たちのことを男は話した。

二〇〇〇年頃にはブームとまでは言わないが、男のまわりでもエビの養殖を始める者が現れたという。多くは田んぼを潰し、金を借りて養殖を始めた。たしかに数年は儲かったらしい。しかし、ここでも急にエビが獲れなくなる池が増えていった。突然に起こった原因不明のエビ大量死には、いろんな噂が飛び交ったという。実際に「池に農薬入り手榴弾が投げ込まれる」事件も発生し、新聞やテレビがしきりに話題にした。

「本当は病気じゃなくて、だれかがエビ池に毒を入れたと思ったんだけど、探してもここでは犯人は分からなかった」

結局、老人たちはエビ養殖を諦め、使われなくなった養殖池だけが無惨に残った。幽溟の森を照らした光は、あっけなく彼らの元を去った。借金を抱えた二人はどうにも納得できないまま、仕事もなく隠居の身になったのだという。

＊

自然と人間の共生についての世界的な研究に贈られる「コスモス国際賞」を二〇〇八年、ベトナムのマングローブ研究の第一人者ファン・グエン・ホン博士が受賞した。ホン博士は五〇年以上にわたりマングローブの調査研究を行い、ベトナムで破壊された「海の森」の再生に貢献した人物。その方法は住民参加の植林を実行し、保全と同時に人びとの生活を保障するというものだ。

彼もまたベトナムの〝木を植える人〟だった。知己を得てたびたびホン博士には教えを受けていたが、彼が常々口にしていたことがある。

「戦争の破壊より、住民の手による破壊のほうが大きい」

ベトナムはかつて、アジア有数のマングローブ林を持つ国だった。しかし、一九四〇年代以降にその面積の六五％以上を失う。博士の言葉はそうしたベトナムの現実を指してのもの。大規模破壊はフランス統治時代の水田開発から始まっていた。農地に転換するために、広大なマングローブ林が北部を中心に伐採されたのである。さらに続くベトナム戦争。しかし、ベトナム戦争が終結しても失われた植生は容易に戻ることはなかった。それどころか、人間の経済活動によってマングローブ林の破壊は戦後いっそう進んでいく。

人口増加、進まぬ戦後復興、収まらない貧困。生活に必要な薪炭のために木々は切られ続け、森を失うことでマングローブに依存してきた周辺住民たちの生活はまた苦しくなる。そして、再び木を切るという悪循環だった。

ようやくドイモイの時代へと変わり、経済発展が著しくなっても、意に反してますます破壊は加速した。顕著だったのが、マングローブ林を切り拓いて造るエビ養殖池の乱開発である。

ホン博士の調査では、米軍の枯れ葉剤散布作戦によって直接失われたベトナム南部のマングローブは、その面積全体の六〇・四％だという。かたや、戦争終結後にベトナム南部で植林されたマングローブの残存率は四割以下。エビ養殖などで半数以上が伐採された。この数字を見るかぎり、戦後の人の営みが破壊したマングローブ林の面積は、割合においてはベトナム戦争時の枯れ葉剤による破壊に匹敵する。

戦争で枯れたマングローブは再生し、一方では新たな人の営みによって再び消え失せてもいる。人びとは破壊から再生を成し遂げても、同時に人びとの欲望は新しい破壊を引き起こすという宿命なのか。

ベトナムには戦争があった。だが、いつまでもあの戦争が人の営みを支配している訳じゃない。木を育ててペリカンを待っていた兵士は、元兵士となって木を切りエビで儲け、失った木を前に隠居になった。もうとっくにこの国は〝戦後〟ではない。破壊と再生を繰り返す人の営みの時計は何周も針が回っている。いや、マングローブ林にしてみれば、戦争など関係なく、人間による破壊と再生はずっと同時進行で続いていたのかもしれない

ホン博士の憂うところはまだある。

戦争が終わってから二〇年後の一九九五年まで、ベトナムではマラリア媒介蚊などへの対策に、化学合成殺虫剤ＤＤＴを使用していた。米軍が撒いた枯れ葉剤と同じような、生物内に残留して効果を上げる農薬を戦後長きにわたって用い続けていたのである。ＤＤＴは九五年に禁止になるが、農業用の殺虫剤や散布剤として、同種の別の化学薬品が今日までも近隣アジア諸国に比べて大量に使われている。海外で禁止された農薬を違法輸入して使用するケースも少なくないとされる。その現状についてホン博士は言う。

「人の健康被害によっぽど脅威なのは残留農薬です。マングローブなどの植物にも同じです」

不思議なことに、あれだけ心配していた蚊は男の家に行ってからあまり気にならないでいた。雨の少ない乾季という季節にも関係しているかもしれないが、男に尋ねてみると、

「ホン・モイ(蚊はいない)」

と言い、続けて、

「たくさん農薬を使ったおかげで、もうここには蚊さえいなくなったということさ」

とりあえず感謝することにした。大量の農薬のおかげで私はミンハイでハマダラ蚊に刺されず、マラリアにもかからなかった。

ベトナム戦争の枯れ葉剤の影響は、結合双生児として生まれた「ベト・ドク」兄弟でも広く知られ、いまだ土壌や人体に被害が及んでいるとの熱心な報告がなされる。他方、現地調査をしたアメリカの科学者たちは、米軍が撒いた枯れ葉剤からのダイオキシン自体はとっくに海に流されたと主張する。

戦争時の枯れ葉剤の影響なのか、戦後の農薬のせいなのか、本当のところは分からないが、メコンデルタではいまも先天性の疾患を持って生まれる子どもがいる。そして、蚊もマラリアも格段に減った。

＊

ようやくペリカンが獲れたというのに、二人の隠居老人はなかなか姿を見せない。仕方なく男と翌日、ペリカンを持って町の市場に行くことにした。

ユンリン一座がまだ同じ場所にいるとは思わなかったが、近い場所に移動して芝居幕を張っているはずだ。

「さてねえ、しばらく前にいなくなって、どこか遠くに行ったようですよ。テト(ベトナム正月)も近いからねえ」

現地の村人に聞いて驚いた。もう日付は正月(一月一日)をとっくに過ぎていて、テト(旧正月)も間近に迫っているという。ちょっと長居したとは思っていたものの、まさか二週間以上ペリカン男のところにいたなんてありえない話だ。でも、間違いはないらしい。

なんだか浦島太郎になった気分だった。けれど、それまで訪れていた場所がおよそ竜宮城でないのはたしかだ。ペリカンが舞い踊っても、エビは跳ねず、乙姫様なんかいやしない、深い深いウーミンの森。人とマングローブが娯楽を待っていただけで、玉手箱のような土産もいっさいくれなかった。

旅の一座は跡形もなく姿を消していた。ユンリンたちはどこに行ったのだろう。

ベトナムの〝最果て〟で、もうたたずむしかなかった。

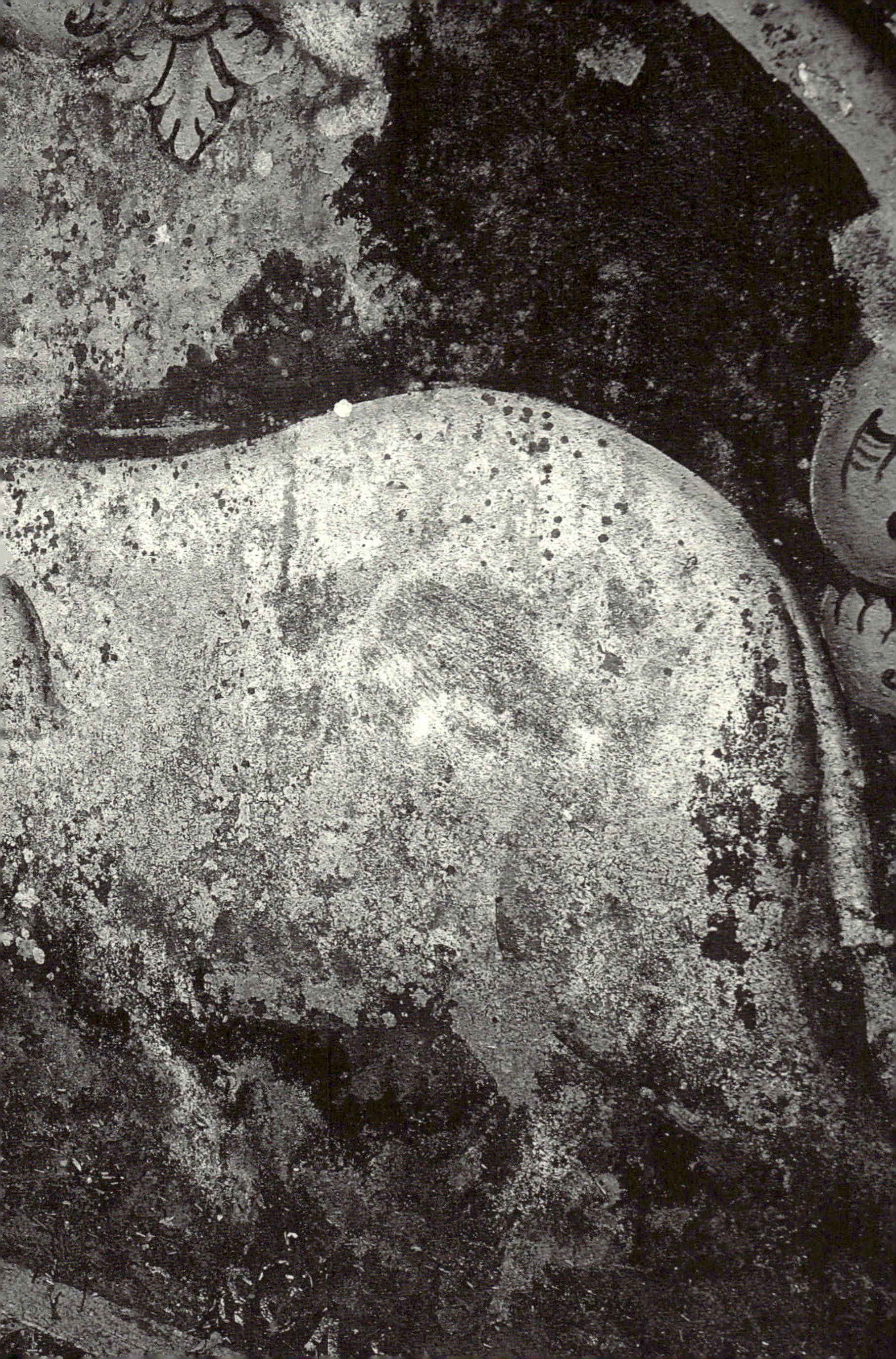

第4章 あるセロイ引きの物語

●ソクチャン●

1 追いかけてきた男

ドゥック先生が「是非に」と言うので、彼の教え子の家に泊めてもらうことになった。格闘技テコンドーの使い手で、軍隊や警察でも指導経験を持つドゥックさんは、どこの土地に行っても教え子がいる。そんな元教え子たちをひとたび訪ねれば、「先生」などと呼ばれて下にも置かれない。ソクチャンというメコン河口の町だった。彼は何人かいる中から一人を選び出し、勝手にその教え子の仕事場へ向かうことにした。

厳重に閉ざされた高い鉄門の奥に見えたのは、制服姿の警官たちである。いかつい門番にドゥック先生は取り次ぎを頼み、二人で警察署門前の道端にダラッと座っていると、すぐにパリッとした服装の男が建物の中から走り出て来た。

「先生、ようこそ。いま仕事を片付けてきますので、先に私の家に行ってお待ちください」

さっきまで横柄な振る舞いだった門番は、ドゥック先生に挨拶する男を目にするやいなや、われわれの横で直立不動になっている。見やれば、男の制服の肩にはやたら星が付いていた。彼は階級がかなり上の、だいぶ偉い警官なのが分かる。

ドゥック先生は不思議な人だった。かつてはテコンドーの師範だったらしいので、「ターイ（先生）」と呼ばれるのは分かるけれど、格闘技をしない市場のおばちゃんやら、メシ屋の若い衆からも

「よっ、先生っ、ごきげんいかが」

といつも気軽に声が掛かる。語学は堪能。体もごつい。噂ではサイゴンやカントーの大学で教鞭を執っていたらしい。が、なにを教えていたかだれひとり知らない。なんの先生か定かでなくたって、とりあえず周囲の人たちからそれなりの尊敬を集めている様子だった。

そして、二〇〇八年頃だったか、この「先生」に一度、私は大いに助けられている。

メコンデルタでユンリン一座との同行後、彼らと別れて一人サイゴンへと戻る途中だった。国道一号線沿いの町に、ふと思いついて寄り道をしたくなった。

ソクチャンである。

理由はカレーだ。ここは香辛料を使った本格的なカレーがなぜか有名で、二〜三日滞在し、その名物がどんな一皿で、不味いのか美味いのか、そもそもどんな理由でベトナムのメコンデルタにカレーなのかを味わってやろうと決めていた。

ソクチャンのカレーとは、フランスの植民地時代に当地にやって来たインド人が伝えたものだという。いまはもうインド人の姿はどこの店に行ってもない。ベトナム人が作るカレーの姿が残るだけ。

「アンドー!(インド)、カリー!(カレー)」

そんな植民地時代を知る逸品と対面し、「インドカレー」と外国人が叫んだって、別にベトナムでは御法度じゃないはずである。だが、たまたま店を通りかかったお役人風の男から身分証の提示を求められた。まあ、よくあること。外国人が珍しかったか、珍しい外国人に偉ぶりたかったか、珍しい外国人に偉ぶる様子を他の市井のベトナム人に見せたかったのだろう。ところが……

「パスポートは宿にあるから、いま手元にはない」

と答えても、その役人はなかなか要領を得ない。なんだか別のところに連行されそうな気配にもなってきた。こちらは、よくあることではない。とりあえず急いで食べかけのカレーライスを平らげる。パンチのない水っぽい「アンドーカリー」は、都合のいいことに飲みもののようにあっという間に食えた。

連れて行かれたのはどこかの役所内の一室だ。入国を管理するイミグレーション・オフィスだと教えられた。

国際空港とか国際港じゃなくても〝イミグレ〟というものがあるんだと初めて知って感心していたら、泊まっていたホテルの人間がやって来た。手には私のパスポートを持っている。妙に手回しがいい。しかし、それを持ち主ではなく担当の役人に渡す。

すぐに合点がいった。ホテルの人間の横にいたのが見覚えのある人物だったからだ。間違いない。ユンリン一座への滞在中に、あの、いちゃもんを付けてきたローカル警官。あの、結局は一座の連中に追い払われた警官だった。

「あの村はソクチャン省だったのか……」

カレーを食べていた私に役人が声を掛けてきたのは、どうやら偶然でも、たまたまでもなかったようだ。きっと〝あの〟警官が嫌がらせのためにわざわざ仕組んだこと。それにしても〝あの〟出来事をずっと覚えていて、田舎の村から省都の町まで追いかけていたのだろうか。あまりにしつこい。ちょっと腹が立ってきた。カイルン一座と離れて私一人になるのを狙ってのことだから、やり方が姑息だ。いっそう気に食わん。ますます腹が立った。

なんの書類か分からなかったが、役人たちからは一枚の紙を差し出され、サインをしろと命じられた。すべてに腹が立ち過ぎていたから、紙をくしゃくしゃに丸めて投げつけてやったら、大騒ぎとなった。そりゃそうだ。

収めてくれたのがドゥック先生だった。

言葉で充分に意思疎通できないイミグレで、もう四〜五時間ぐらい経ってからのことだった。普段はカントーに住んでいるドゥック先生が、その日どうしてソクチャンにいたのかは知らないけれど、なぜだかわれわれの前に登場していたのだ。

ドゥック先生に会うのはこのときが初めてだった。英語で自己紹介をし、横に座ったこの初対面の初老の男は、私の言い分を聞きつつ、役人たちと話しつつ、やがて外に出て行った。と思ったら、新しい紙を手に持って机の上に置く。パスポートの預かり証だと彼は説明する。

「今日はこれで終わり。二日後にまた来ましょう」

あっという間の出来事だった。

二日後、再びドゥック先生と連れ立って行くと、パスポートはなにごともなく返された。〝あの〟警官も担当のイミグレ役人も、見知った顔はまったくそこには出てこなかった。

＊

ソクチャンを含むメコンデルタで長いこと仕事をしているフランス人から聞かされたことがあった。

「ソクチャンとの付き合い方は難しい」

この地で活動する日本のＮＧＯの人間も、まったく同じ意味の話をしていた。

「ソクチャンだけは仕事がやり難い」

役所などからの許可が極端に取りにくく、外国人の立ち入り禁止エリアと活動制限がやたらと多い。無意味な手続き、理不尽な駄目出し、やっと約束を取り付けても人が変わればひっくり返るなど、ソクチャンではことあるごとにトラブルに見舞われるのだという。

多かれ少なかれ、これらはベトナムで仕事をしていれば経験することではある。だが、外国人のみならず、ソクチャンはよその土地からのベトナム人訪問者に対しても過剰にナーバスな対応を取ると聞かされた。ほかの場所でうまく運ぶやり方も、ここソクチャンではなかなか通用しない。カレー屋から始まった一連の体験は、ソクチャンの洗礼だったのか。どうやら私にとってもソクチャンは、なにか特別で、行くとロクな目に遭わない鬼門の土地となったようである。

パスポートを受け取っての帰り道、警察署に寄った後で「是非に」とドゥック先生から誘われた。行き先は、先ほど会ったドゥック先生の教え子警官の家である。

彼はほどなく帰って来た。星の並んだ制服をさっさと脱いで、水を浴び、いたくカジュアルなシャツに着替えてから、ドゥック先生と談笑している。さらに二人は私を見ながら、私を手で指しながら、間違いなく私の話をしているようだ。

「ここなら大丈夫です。警官の家なら安心でしょう」

私に向き直って、そうドゥック先生が言った。

なーるほど。

おそらく二日前の時点から、彼らによってなにかが差配されていたのだ、と思った。この教え子警官自身か、彼からの指示を受けただれかか、はたまたドゥック先生のほかの知り合いか。なにしろドゥック先生の教え子コネクションを使った差配によって、私の処遇が決められていた、と思った。水面下でいろんなことが知らぬ間に根回しされ、処理されていて、たまたま偶然だったのはドゥック先生がソクチャンにいて駆り出されたこと。この部分だけは、〝あの〝警官にとって想定外だったに違いない。

「今夜は彼の家に泊まりましょう」

再びドゥック先生が言う。

「いいんですか。それと、またパスポートをどこかの役所か警察に届けないといけませんかねぇ」

「問題ありません、ここは警察の偉い人の家なんですから」

渡りに船だった。ソクチャンにはその夜、泊まりたい訳があったのだ。

実はその朝、ドゥック先生とパスポートを受け取るための道すがら、街道に面した広場の一角に丸太櫓とノボリ旗が目に入った。立ち寄って聞いてみると、なんと今夜、カイルン一座がそこで公演を行う予定なのだという。すぐさまドゥック先生に
「どうしても私はカイルンを観たいのです。(これこれこういう訳で)見なくてはならないのです」

と熱く説明する。

「ソクチャンに泊まるなんておすすめできません。ここにはあまり長くいたくないでしょう」

「そこをなんとか、今夜だけでも」

「まあ、まずはパスポートをもらいに行きましょう」

本来の目的はなんだったかを思い出させるべく、そのときのドゥック先生はとっとと先を急

がせた。しかし、ありがたいことにソクチャン滞在とカイルン見物の希望を彼は覚えていてくれたのである。

「私は別な用事があるもので、今夜のカイルン見物はこの男が連れていきます。なにかあったら私の名前を出してください」

ドゥック先生の教え子警官は一人の浅黒い男を呼びつけてから、そう話した。


田んぼとバナナの木に囲まれた広い敷地に、木造で古いが、いい建て付けの家屋が並んでいた。奥まったあたりには簡素な別棟があって、小屋のような家の前にはセロイが一台置かれている。浅黒い男は少しだけ足を引きずり、そのセロイの背後から現れた。

セロイとは、ベトナムでもほぼメコンデルタでしか見かけない、この地域特有の〝力車〟である。タイの「サムロー」、インドネシアの「ベチャ」、マレーシアの「トライショー」、インドの「リキシャ」など、こうした〝自転車タクシー〟とも言える運搬車両はアジア各国にある。ベトナムにも「シクロ」という自転車力車があってよく知られているが、自転車の前部に客車がくっついたシクロと異なり、セロイは自転車の後部に客車がある。

実はシクロとベチャを除くと、日本の「力車」と同様、アジアの自転車力車はすべて客車を運転者が前方から牽引するタイプになっている。ベトナムではシクロに比べて少数派のセロイだが、世界の力車の中では汎用型ということだ。

とは言うものの、近年はどこの国でも自転車を使った力車はどんどん少なくなっている。ベトナムもセロイ自体を路上であまり見かけなくなり、あってもオートバイが牽引するタイプばかり。古くからある自転車型セロイは、久しぶりに見た気がした。

浅黒い男の仕事はセロイの運転手であり、この家の離れに住み込んで働く、いわば使用人もしていると紹介された。そのセロイ引きは名前を「クン」と名乗った。うつむき加減で、表情をあまり見せない。ドゥック先生が話しかけても返す言葉が少なく、かといって迷惑そうな素振りはせず、ただ従順にたたずんでいた。

「彼はクメール人です。お分かりですよね」

夕食をとりながら、教え子警官が話した。それがどういう意味を含んでいるのか不明だったけれど、ドゥック先生は頷いている。

夕食後、このクメール人が漕ぐセロイに乗って、われわれは鬼門の土地ソクチャンの夜へと走り出した。

2　クメールのカイルン舞台

熱帯のねっとりした空気に包まれ、雑多な人影が錯綜していた。やっぱり有象無象が至るところで喧しく、ガヤガヤ、ザワザワ、ワチャワチャと蠢き集っている。舞台の上だけではなく、見上げる観客や、外の屋台でメシ食う人たちや、覆う熱帯の木々まで、カイルンがやって来ている周辺すべてはいつもと同じ光景だった。

しかし、即座にドゥック先生が違いを指摘した。

「これはクメールのカイルンのようですね。見れば分かります。彼らはクメール人です」

ドゥック先生は隣にいて、いろいろ教えてくれる。

「カンボジアの言葉が混じっています。歌はベトナムのものじゃありません」

ここソクチャンは、古い時代には「バサック」と呼ばれていた。メコン川はプノンペンの南で分岐し、別にバサック川と呼ばれる大きな支流をつくるのだが、「バサック川が流れ込む場所」という意味でこの土地の名が付けられた。バサック川は現在、カンボジアからベトナム国境を越えるとベトナム人に「ハウザン(後江)」(南部なまりなら「ハウヤン」)と呼ばれ、名が変わる。川が流れ込む土地の名前も、バサックからソクチャンになった。

そもそも「バサック」とはベトナムの言葉ではなく、カンボジアの言葉。クメール語である。「ソクチャン」が「バサック」だったその古い時代、この土地はクメール語を話す人びとが住む土地だったということだ。

ソクチャンどころかベトナム南部メコンデルタ一帯は、もとはクメール人たちが住む、クメール王朝の支配地域だった。ホーチミン市もクメール人たちが居住する土地に含まれていた。

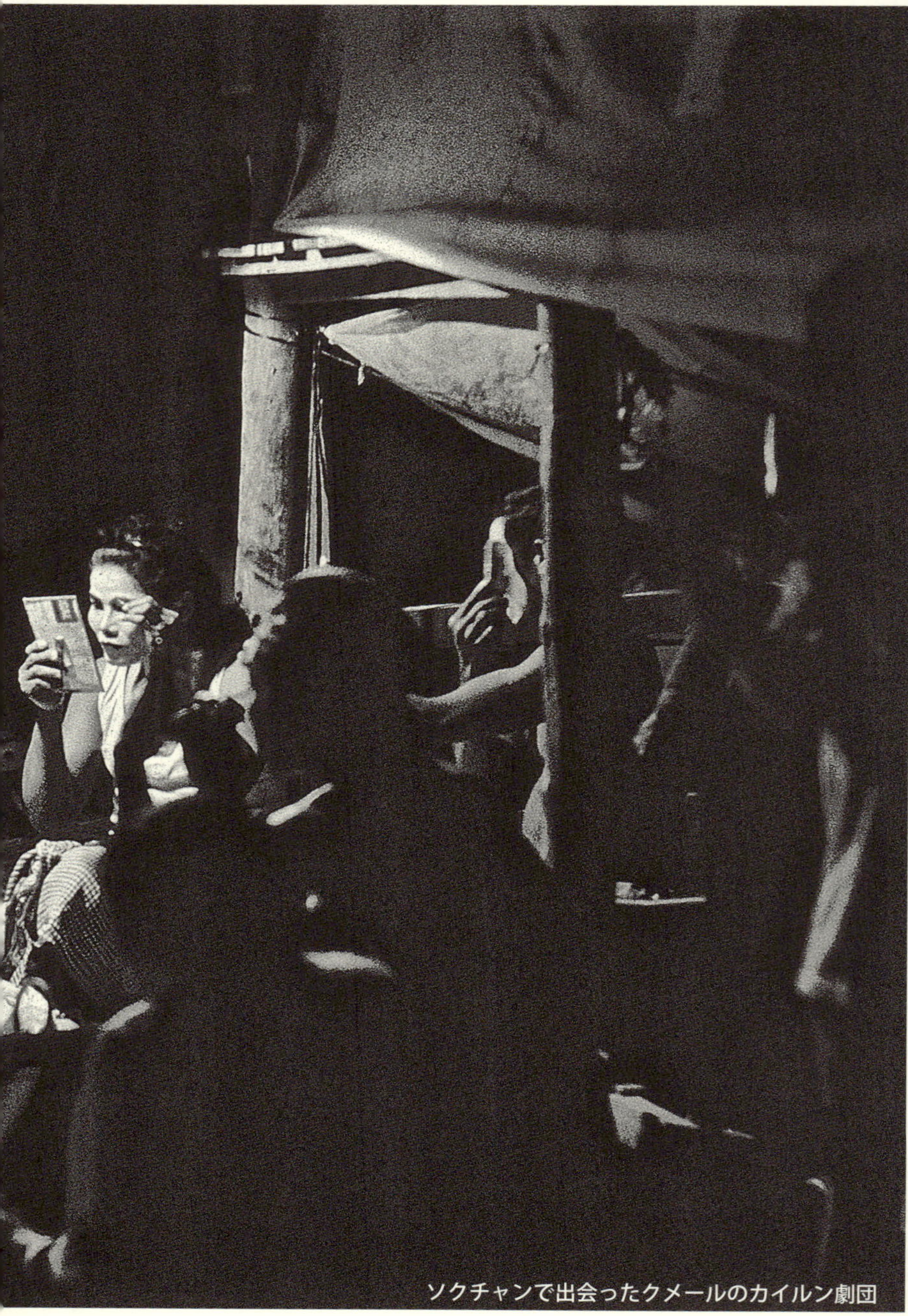

ソクチャンで出会ったクメールのカイルン劇団

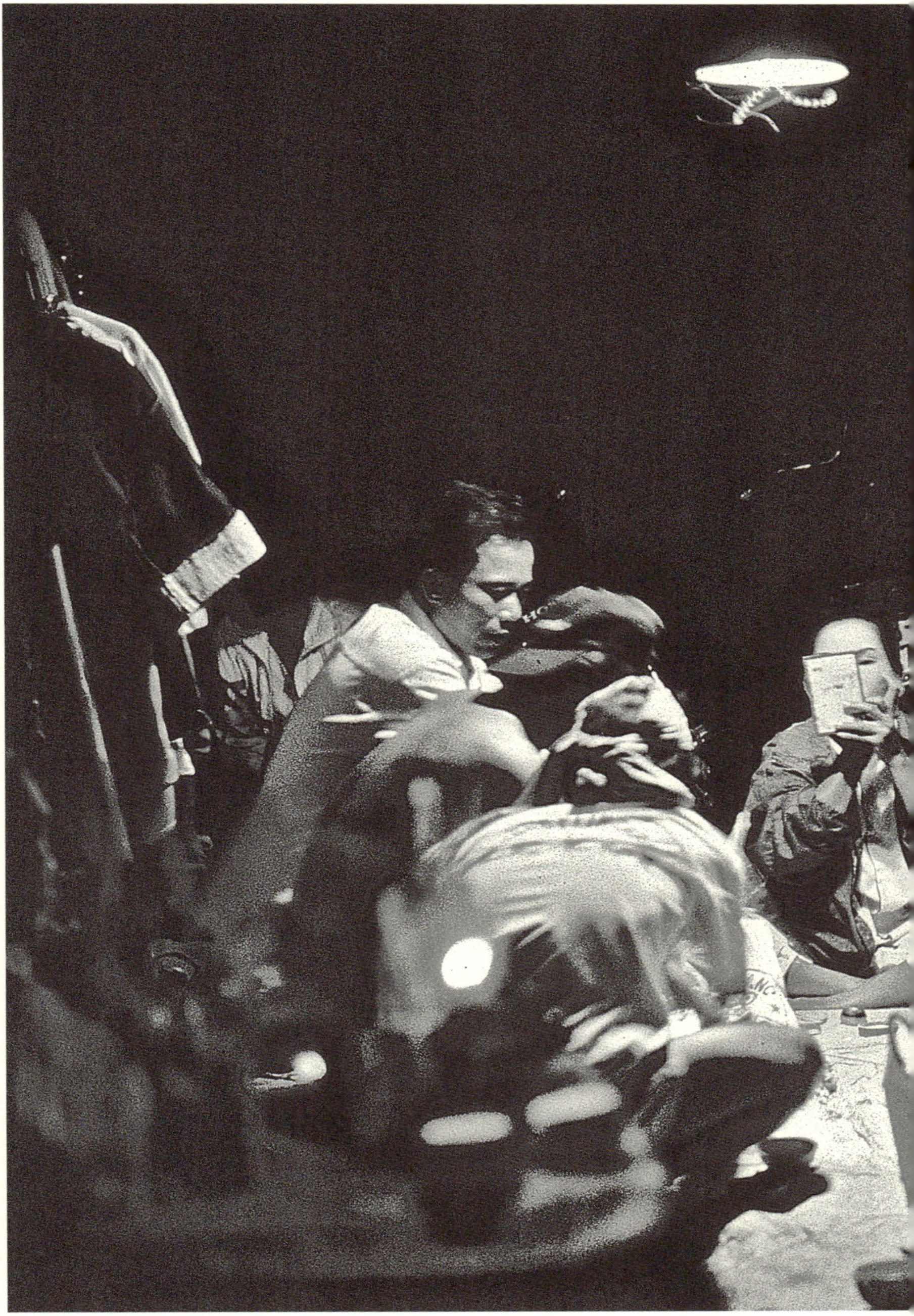

ベトナム語での旧名「ザーディン」、または「サイゴン」と呼ばれるはるか以前に、そこはクメール語で〝森の都市〟を意味する「プレイノコール」だったのである。

勢力図の変化は一八世紀半ばになってからだ。

北方にあったベトナムのグエン(阮)朝が南進すると、クメールの王はその膨張圧力に屈する形で、バサックを含むメコンデルタの領地をベトナム側に割譲してしまう。カンボジアのクメール王国から、ベトナムのグエン朝へ。ただ、所属王家が変わった後も、メコンデルタでは多数を占めるクメール人たちの自治が認められ、クメール住民による行政運営が続けられたとされる。

その後ベトナムはフランス植民地支配から南北分断、戦争、統一、共産政権の歴史をたどることになる。メコンデルタの地では支配者が何度も変わり、やがてベトナム人の主要民族であるキン族(ベト族)が流入し、多数住民へと逆転していく。そのかたわらで、クメール王国の子孫たちは営々と生き続けてきた。なかでも人口一〇〇万人を超えるソクチャン省は、その約三分の一をクメール系住民が占めている。もちろんベトナム国内で、もっとも多く少数民族としてのクメール族が暮らす場所だ。

だから、ここにクメールのカイルン一座があっても不思議はない。クメール人によるクメール人のための娯楽。カイルンが深く民衆大衆に根ざす芸能という観点からすると、むしろクメールのカイルンこそが、ソクチャンにはあってしかるべきなのである。

主人公は笛が上手と評判の麗しい青年である。彼はひそかに想いをよせる女性がいた。同じ村に暮らす、すばらしい歌声を持つ美しい娘。二人は幼なじみで、歌の上手い彼女もまた青年にほのかな恋心を抱いていた。

目の前で演じられている今夜のカイルンの物語である。少し古い時代設定のようだ。隣のドゥック先生が大まかにストーリーを説明してくれる。もし先生の解説がなくても、見ていればなんとなく単純な恋愛話の筋は理解できそうだった。

青年の笛の音に合わせ、娘が小さくかわいらしく、やがて艶っぽくしっとり歌う。そうして心を通わせ、愛を確認していく二人のシーンが、前半のクライマックスだった。観客もさわやかな恋の話にうっとり惹き付けられている。

そこに悪役登場。ストーリーは中盤から急展開。

第一の悪役は娘の母親である。生みの親ではなくて、後妻に入った継母のようだ。悪役は分かりやすい佇まいをしている。服装がダーク系の色合いで、メイクがド派手。声がデカい。その母親は大声の醜女で、真っ黒い服でのいでたちである。加えて悪役継母は、あろうことか笛吹き青年に懸想《けそう》をしているという設定。倫理的にも道義的にも好ましからざる人物だ。

母親は食べるもので笛吹き青年の気を引いたり、色仕掛けで誘惑するが、彼になびく様子はいっこうにない。至極当然な成り行きではある。しかし、あるとき母親は、青年の気持ちの中に自分の娘の存在があることを知る。彼女は継子の娘に嫉妬、逆上、逆恨み。いびり倒し、嫌がらせを開始。青年にも手のひらを返して意地悪な態度になる。そこに第二の悪役が登場。村の有力者。金持ちの下品な大男。悪役は人物設定が分かりやすい。

有力者の男にはさえない息子がいて、こちらはこちらで歌声の美しい娘に横恋慕している。なんとかその娘をものにしたいと娘の継母に金を積んだり、自分の父親の威を借るなどあの手この手だ。当然のように、悪役継母はこの大金に目がくらむ。そして、有力者の悪役親子と結託して謀《はかりごと》を企てるのである。

まずは母みずからが、笛吹きの青年に無理矢理に犯されたと言いふらし、不義密通していたと娘に嘘の告白をする。ショックを受ける娘。かたや青年は、婦人をかどわかした咎から大切な笛を取り上げられ、さらに遠くの戦地へと送り込まれることになる。有力者親子が裏で手を回しているのは言わずもがな。

それでも深い絆の二人。互いを信じて再会を誓うのだが、ほどなく娘の元には青年が戦死したとの報が届く。もう悲しみのどん底だ。娘が呆然自失となったその隙に、有力者の息子は彼女との婚礼話を勝手に作りあげてしまう。母親の借金もあって、断れない娘。とことんの悪役が愛する二人を引き裂くという、無情な悲恋話がどんどん展開していった。

「チョーイ・オーイ(おお天よ)」

観客は感情移入し、嘆く。悪役に罵声を浴びせ始める。舞台と客席は、まったく恐れ入るほどの一体感に包まれている。

洗練されていないが、力強い。なにかしら〝土〟の匂いがにじむこのメコンデルタの芸能風景にあって、繰り広げられる今夜の舞台はいつもにも増して泥臭さを感じた。

まず、いささか舞台上が暗かった。そして、あまり色味がない単調の照明。さらに地味な衣装で、地味な背景幕で、地味な大道具と小道具で、地味な役者たちが舞台にいた。演奏も二人ぐらい。楽団構成も地味で寂しい。

役者たちの動きも、どこかおかしかった。大きく派手に動き続けることなく、スピード感もなく、落ち着いた出し物という感じでもないのに、控え目で不自然。よくよく見ると、舞台には二本のマイクが上から吊り下げられていた。ちょうど人の顔の高さだ。

だんだん分かってきた。役者たちは歌ったり台詞をしゃべるたびに、その吊り下げマイクに近づいていく。ユンリンたちの公演で常識だった、役者ごとに付けられるワイヤレスのピンマイクをこの一座は持っていないようだ。声を拾ってもらうためには、いちいちマイクに移動しなければならない。その行為のせいで、演技の動きは不自然に途切れるのである。

ついでに楽屋も地味だった。個別の化粧台などなく、裸電球の下に集まってしゃがみ込んで、芝居メイクをする役者たち。クメール人の一座のその風景は、これまでに出会った旅のカイルン劇団の中でもダントツに質素。いや、貧乏臭い。いや、あわれなほどみすぼらしい。

表舞台はいよいよ物語が佳境だ。

有力者の息子と娘との婚礼の当日。すべてが整って、いままさに結婚の誓いが取り交わされようとしたそのとき、どこからともなく美しい笛の音が響いてくる。

戦地で散ったはずの青年の笛だ。彼は生きていたのか！　いやおうもなく観客は盛り上がる。

軍服姿の青年が、やがて笛を吹きながら舞台上に現れる。なんと戦死の報すら、娘を騙す、作り話だった。結婚式会場の入り口で、青年は恋人の名を大きく叫ぶ。呼ばれた女は驚きながら振り返って、彼女もまた恋人の名を叫ぶ。

観客は総立ちだ。ドゥック先生だって両手を打って喜んでいる。セロイ引きのクンの姿も客席のいちばん後ろにあって、彼だけはなぜだかポロポロ涙を流していた。

さてはて、結婚式に男が殴り込むというストーリー展開は、有名なアメリカの映画で観たことがある。男はダスティン・ホフマンだった。女はキャサリン・ロスだった。流れるＢＧＭは笛の音ではなく、サイモン＆ガーファンクルが歌う優しいハーモニー。誘惑する夫人が登場するところも同じだけれど、アメリカのマダムはだいぶ美しい設定だった気がする。

笛吹き青年の登場シーンには、どうしたってアメリカ映画『卒業』のクライマックスを思い出してしまう。ただの偶然の一致なのか。まさかハリウッドの脚本家がベトナムの田舎芝居をパクったわけではないだろうが、はたして知っていれば、ここまで似せることはあり得ないと思った。大昔から伝わるアジアの民話と、一九六〇年代のアメリカンニューシネマ。ひょっとしたら時も超えて、場所も超えて、人種も超えて、およそ人間が考え出す物語というものは偉大なる作話のワンパターンに並んでいるだけかもしれない。万国変わらない人間の性《さが》のため、およそ人間が感動したり喜ぶ物語というものは、結局はどこか似通ってしまう。つまり、そーいうーことなのか？

＊

クンは帰り道、また泣いていた。後ろ姿ではっきり見えなかったが、セロイを漕ぎながら彼は涙を流し続け、何度も静かに拭っているようだった。

たしかに切ない幕切れだった。なにせ、結婚式に殴り込んだ青年は返り討ちにあって死んでしまうのである。

映画ではホフマンが見事に花嫁を強奪し、未来に向かって二人だけで旅立つ〝ハッピーエンド〟が用意されていた。しかしながら、クメールのカイルンの物語には、最後まで愛する二人に幸せな瞬間が訪れない。

婚礼の場で笛吹き青年は娘に駆け寄り、ようやく二人は再会を果たす。いよいよホフマンかと思った矢先、まわりにいた有力者の手下にあっさり引き離され、青年は捕らわれの身に。そしてなんと、泣き叫ぶ娘の前で彼は斬り殺されてしまう。救いのない〝バッドエンド〟。悲劇はもっと続く。娘もとっさに落ちていた刃を手にし、青年の後を追うように自ら胸を突く。青年の上に折り重なって倒れ込む娘。暗転する舞台。ジャ、ジャ、ジャーーン。

再び舞台が明転すると景色が変わっていた。死んだはずの二人が楽しそうに森の中で踊っていて、ある挿話がナレーションで短く続く。

「二人は空を飛ぶ鳥となって、永遠にいつまでも、美しい鳴き声を私たちに届けてくれています」

死んだ青年と娘は美声の鳥へと転生した。なるほど、笛と歌が上手だったからなぁ。ようやく来世でいっしょになれたんだね。これでめでたしめでたし。なのか？　おとぎ話仕立てのまとめ方だが、その結末はあまりに理不尽じゃないか？

帰路、ドゥック先生はなにも解説してはくれなかった。だいぶ夜も更けていたし、きっと疲れて眠かったに違いない。

「明日も公演があるらしいので、また観に来ても」

そう言いかけて、止めた。闇を漕ぎ進むセロイの上で、とうとうドゥック先生は船を漕ぎ始めていた。

客席すぐ前の小さな舞台

客待ちの「セロイ」。ソクチャンの街角

3 セロイ引き

流した涙の訳をセロイ引きには聞きたかった。まわりのベトナム人とは少々異なる反応だったし、なにせクメール人によるカイルンを観たクメールの男である。どこが悲しくて、どこが心を揺さぶって、どれだけ感動していたのか。もしもクメール人ならではの特別な琴線があって、あのカイルンの物語の中に存在していたのなら、それがなんだったのかを知りたかった。

「同じです」

ぽつり、ぽつり、ぽつり、ぽつり。彼は話した。翌日、ドゥック先生を介して聞かされるクンの話は、なんだか意外な方向へと向かっていた。カイルンの感想を言う代わりに彼の口からこぼれ出たのは、民話でも、映画でもない、もっと生々しいセロイ引き自身の物語だった。

「同じなんです。女を取り戻そうと、私も結婚式に行きました」

「チョーイ・オーイ。昨日のカイルンじゃないか」

「はい」

「でも、君は殺されなかった」

「はい」

「それで、どうなったの」

セロイ引きはドゥック先生に言い難そうにしている。

「どうなったのっ」

「はい。逮捕されました」

その頃のクンは、セロイ引きではなかったという。農家の家に生まれ、たまに農作業も手伝ってはいたが、町でいくつか定まらない仕事を繰り返していたそうだ。

「仕事がなく、貧しくて、なかなか結婚できなかった。ですが、結婚の約束をしていた女がいました」

相手はクンと同じソクチャンに住む、クメール族の女性だった。その彼女から突然、「子どもを身ごもった」と話されたのだという。驚いた。しかも、クンの子ではないと告げられる。さらに驚いた。彼女は結局、お腹の子の父親と結婚することになる。

「結婚とは名ばかりです。彼女はただ働かせられるか、どこかに売り飛ばされると思いました。はらませた男はクメール人ではなかった。私はその男も家族も信用できなかった」

彼は自分の行動の正当性を、どこかでわれわれに訴え、伝えたかったのかもしれない。

「でも、怪我をさせてしまいました。相手の男を」

そうしてクンは逮捕、地元の警察の厄介になるのだが、面倒見のいい警官がひとりいて、身柄を引き取ってくれたという。クン自身も足に大怪我を負わされていた。警官は治療の面倒も見てくれた。なぜ彼がいまこの家にいるのか。足を引きずっているのか。それがイキサツだった。

＊

ベトナム政府は対外的には、こう主張する
「ソクチャンに少数民族問題はない」

ベトナムとクメール系住民の間には対立など存在しないという立場である。平等国家の建前は民族融和だ。

しかし、ソクチャンでは宗教や教育をめぐって、稀にクメール人たちは抗議行動を起こす。激しく目立つことはないが、二〇〇七年にはクメール僧侶約二〇〇人が政府に異議を申し立て、かなり大規模な集会に発展したこともあった。

ベトナムで信仰されるのはアジア北部に広まった大乗仏教だ。クメール（カンボジア）はタイやミャンマーと同じ上座部仏教。メコンデルタに住むクメール人が守るクメール寺院も、明るい色の袈裟を着たクメール僧侶も、パーリ語で書かれた経文も、同じ仏教徒でありながらベトナムではやや異質な存在には違いない。

ベトナム社会はそれらに対し、少なからず過去から規制や弾圧の対象に置いた。僧侶たちは二〇〇七年の抗議集会で、宗教とクメール語教育の自由とともに、仕事上や土地取得などの社会制度上ずっと差別を受けてきたと、訴えようとしていた。

もちろん、政府への抗議集会はベトナム当局から歓迎されない。首謀者のクメール系住民たちはすぐさま投獄され、参加者は後々まで監視され、僧侶であっても寺から排除された。

クメール系住民からすれば、多数のベトナム人が少数の自分たちを抑圧する構図は古くから変わらないことだ。ベトナム人にしても、同質ではない彼らの動向には神経質にならざるをえない。遠い昔の王朝時代ではなくとも、ポル・ポト政権が国境を越えてベトナムで大虐殺を行ったり(バチュック村、一九七八年)、反対にベトナムがカンボジアに攻め入り国土を占領したり(一九七九年)と、両国の間には友好的ではない出来事が近年まで続いている。

そのたびに、ベトナム国内に住むメコンデルタのクメール人たちは揺れる立場に立たされ、ベトナム人たちもクメール人への不信感を募らせる。互いの疑心暗鬼は過去の歴史がもたらすだけではなく、生々しい記憶となって現在のソクチャンの人びとからも沸き起こる。

ドゥック先生の教え子警官はあえて、

「彼はクメール人です。お分かりですよね」

と念押しした。あらためて真意はなんだったかと思う。クンが結婚式に殴り込んだのも、彼がカイルンを観て涙を流したのも、ソクチャン当局が外来者にかくもナーバスなのも、ひょっとして〝あの〟警官が嫌がらせをしたのだって、同じ根を持つ事柄なのだろうか。

クンは仕事中いつも頭に「クロマー」を巻いていた。カンボジア伝統の織物で、首や腰に巻く柄が付いた布きれ。メコンデルタの農村ではよく見かけるが、基本的にベトナム人は使わないので、その着用はクメール族という目印になる。

前夜のカイルンの舞台でも、クメールの役者の多くはクロマーを身につけていた。ただし、それは笛吹き青年や美しい娘であって、悪役の母親や有力者父子は伝統的なベトナムの服装だった。

仮にである。実際の風景と同じように、劇中でもクロマーがクメール人の象徴で目印として使われているのであれば、込められたメッセージはあからさまだ。善良で虐げられるクメール人に対し、あくどい仕打ちをするベトナム人。クロマーはメタファー(暗喩)となって、見た目だけで端的に区別できる。

ただし、ここはソクチャンであっても、キン族多数のベトナム人の国だ。ベトナム服の悪役がクロマー姿の主役に退治される結末は、どこか見せるに憚られると考えるのはうがち過ぎか。だからクメールのカイルンの物語は悲劇で終わらなければならなかった、と納得するのは変か。したたかな大衆芸能は精いっぱいのカタルシスに、ベトナム人をとことん嫌らしい悪役に仕立てて、クメール人は来世で永遠に幸せになる、そんな〝寓話〟を仕込んでいたのかもしれない。

＊

ソクチャンでもっとも古い寺は、クメールの仏教寺院である蝙蝠寺《こうもりでら》だ。寺の敷地にはたくさ

クメールの「クロマー」を巻き、手にはベトナムの日笠「ノン」

んの果樹があり、そこに実るソアイ(マンゴー)やブースア(おっぱい柿)を目当てにいつの頃からかフルーツバット(大蝙蝠)が集まり始めた。棲みついた数は一〇〇万匹とも三〇〇万匹ともいわれる。夕刻の境内には翼幅一メートルをゆうに超える蝙蝠が飛び交い、ボロ雑巾のような黒い塊になって巨木にぶら下がっている。建立は四〇〇年以上前とされ、大昔に命名された正式なクメール名もあるのだが、いまや「チュア(=寺)・ヨイ(=蝙蝠)」という別名のほうが有名で、通りがいい。

この蝙蝠寺、一〇年ほど前に大火を出し、貴重な仏像や経典を焼失させる惨事に見舞われている。クメール僧侶二〇〇人がソクチャンで大規模抗議集会を行った、そのまさに直後だった。

クンはセロイ引きになってから蝙蝠寺によく通うようになっていて、集会があったその日も集会に向かう僧侶をセロイに乗せて運んだという。彼は集会に参加はしなかったし、住まわせてもらっている警官に僧侶を乗せたことは咎められなかった。しかし、火事が起きてからはなぜかもう寺に近付くなと言われたそうだ。

私といっしょならいいだろうということで、クンは久方ぶりに蝙蝠寺を訪れた。彼は蝙蝠寺にお祈りでも、ましてや蝙蝠が目当てでもなく、寺の裏で飼われている奇形の豚に会うことが目的だった。

コンクリートの壁で仕切られた簡単な造りの豚舎には、足の指が多かったり、少なかったり、曲がっていたり、短かったりする奇形の豚が十数匹飼われている。すべては近隣住民が寺に持ち込んだもの。地元では生まれた豚の奇形は忌み嫌われ、さりとて殺生をよしとしない仏教徒の飼育農家が、こっそり寺に預けたのである。古くからの慣習だそうで、このクメール寺院は食べるための養豚ではなく、生かすために豚を養い続けている。

豚舎がある境内裏の敷地には、蝙蝠寺で命を全うした豚たちの墓も造られていた。墓碑に描かれているのは、瞳を閉じて涅槃に横たわる白い豚の絵。穏やかな死に顔の大きな豚だった。クンは足を引きずりながら、その豚の墓の前に歩み出た。

「幸せな豚です」

涙もろいセロイ引きは、クロマーでまた目を覆っていた。

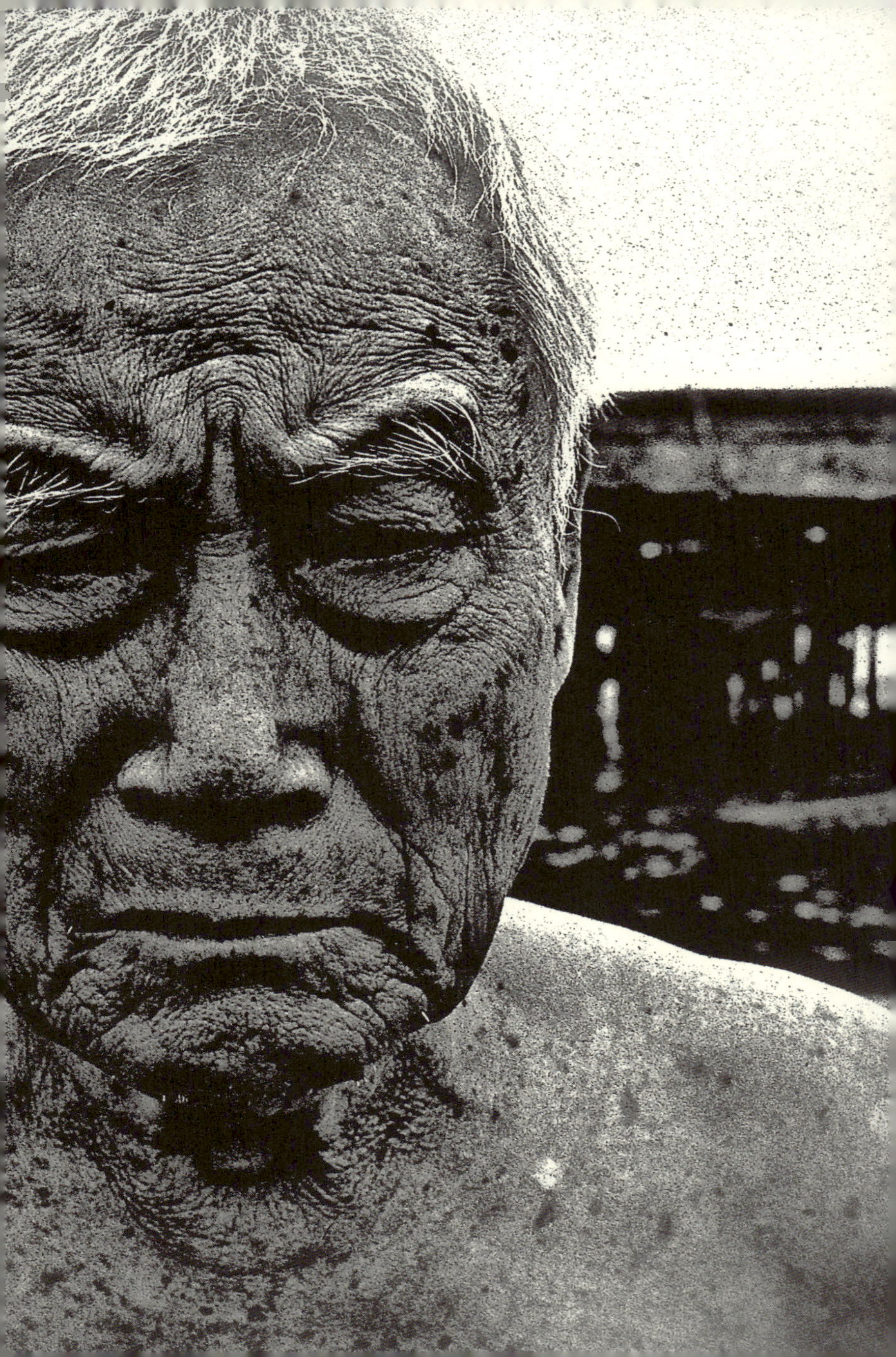

第5章 老人たちと海

●フーコック●

1 舟の上でカイルンを歌う

突如、カイルンの曲が響き渡った。

なんのことはない。携帯電話の着メロが鳴ったのである。いまさらだが、ベトナムでも携帯電話を使う人の姿は珍しくはない。ことに若者の間では必需品であり、気に入った曲を着信メロディーにする習慣も二〇一〇年代になって急速に増えてきた。ただ、予期せず驚かされたのは、その音の聞こえた場所が一時間以上も沖合に乗り出した海の上だったことである。しかも、夜明け前の薄暗く、海と空の境もまだはっきりとしない時間だ。

やおら電話を取り出した人物は半裸の漁師だった。もうずいぶんとフーコック島に通って漁師の写真を撮っていたけれど、海上で通話する漁師は初めて見た。手漕ぎボートに毛が生えた程度の小舟に身を委ね、これから漁を始めようとしている若い漁師。彼の短パンの中からくぐもって聞こえ出した着メロとは、けっこう意表を突く。それに、着メロにカイルン歌謡というのもなかなかない。

かすかながら見えていた陸地は、もう見えなくなっていた。携帯電話の電波というのはそこまで届くものかと感心しつつ、朝っぱらからなんの用事があって電話がかかって来るのだろうか、なんで海の上まで電話が追っかけて来るのだろうか。
携帯電話という目新しい文明に、ベトナムだからとか漁師が使っているからというのは勝手に感じるギャップだ。ただし、ここは何もない大海原。人間がただ肉体を使うだけの原始的仕事場において、携帯電話はそもそも必要な道具ではなかったはず。想定するこの機器の活躍の場と、目の前の実際の風景が乖離していた。海上で鳴り出す機械音にはどうしても違和感がある。これは戸惑うギャップというより、なんだか座りの悪い音の景色であった。

若い漁師はたいして会話もせずに電話を切った。間違い電話だったのだろうか。用事があったとしても、なにほどのものではなかったに違いない。すぐさまケータイをポケットに押し込める。

すると、今度は彼自身が歌い始めた。口ずさんでいるのは、さっきまで鳴っていた着メロと同じカイルンのメロディーのようである。積まれた漁網の上に寝転び、薄明の空に向かって最初は鼻歌で、徐々に歌詞を付けて唸るように小さく歌い出した。

漁場にはすでに到着し、エンジンは切られている。漁はまだ始まらない。日が昇って明るくなるのを待つ舟の上だった。舟は波の揺れに委ねられ、その波が舟べりにぶつかる音と、若い漁師の歌声だけが四方の海に漂い広がっていく。

なぜだろうか、こちらのカイルンがつくりだす音の景色には違和感がなかった。すんなりと入り込んできて、なんだか心地良い。あるべくしてある風景。そう感じた。

「ああカイルンだ。いまどうしているんだろうなあ、レハンや、チンや、ユンリンたちは」

しばしメコンデルタの旅芸人のことを思い出した。

＊

ベトナム人の歌については、いつも感じることがある。

「ベトナム人はあまり歌が上手ではないのではないか」

いやいや、もっと積極的に
「ベトナムの人はかなりの音痴ではないか」

とりあえず普通に会うベトナムの人びとに限ってのことだけど、彼ら彼女らの歌をカラオケなんかで聴かされるたびに、どうしてもこの感情を抱いてしまう。

私がベトナム人の〝歌下手〟を強く印象付けられたのは、教会の讃美歌だった。世界中で歌われていて、どの国のキリスト教会でもだいたい同じメロディーが使われるのに、ベトナム語で聞かされるベトナム人の讃美歌はまったく別の歌かとさえ思った。

讃美歌はだれしもが歌いやすく、美しいとされる旋律。たいがい教会で合唱すると、それがウィーン少年合唱団でなくとも、おごそかに心地良く響くものである。歌い聴くことで、自然と現実から離れた宗教的世界に入っていける。

だが、ベトナムの教会ではなかなか敬虔な気持ちになりきれない。伸びたミュージックテープ、回転数が一定ではないレコード、しかもあるべき音程をはずされた不安定な音階。なんとももどかしい〝不協和音〟は、決して天国で聞きたくない。

この際だ、もうひとつ重ねて言ってしまおう。

ベトナム人が歌う子守唄。これもなにか居心地が悪い。単に聴き慣れていないからなのか。でも、ベトナム人の子守唄はきっと母の優しさに包まれていても、安らかな響きとなって耳に届いてこない。過剰に付ける抑揚の波、正規の音程とは関係のないところで上げ下げされる歌声。痒いところに手が届かない心持ちの悪さ。個人的には、誘われるのは眠気より嫌気だ。子どもがよく泣き出さないものだといつも思う。

「ベトナム語特有の声調が邪魔をして、どうしても音程どおりに歌えないのよ」

言い訳するようにそう話していたのは、知り合いのベトナム人歌手だ。彼女はジャズシンガーであって、スタンダードナンバーを英語で見事に歌い上げるが、一方でベトナム語ではほとんど歌うことはない。歌いたがらない。彼女が歌わない理由は、ベトナム語に組み込まれている六つの「声調(トーン)」と、本来の音楽が持つ「音階(トーン)」とを合わせるのが難しいからだという。

「古いベトナムの歌なら少しはいいんだけどね」

と彼女がベトナム語で歌ってくれたことがある。ただ、聴かされた古い歌は、いつものジャズナンバーのような迫力がなかった。誤解しないでほしい。その歌、普通のベトナム人に比べるのも失礼なほど格段に上手である。けれど、どこか頼りない歌いっぷりだった。〝ベトナム人音痴説〟は取り下げるにしても、ベトナム語と歌謡の「トーン」の間には、やはり相容れないなにかがあるように感じた。

カイルンはベトナムでしか聴くことがないので、比較すべき〝正調〟はほかにない。奇妙に聴こえたとしても、「そんなものか」と受け入れやすかったのだろう。もうひとつ、海の上のカイルンが心地良く聴こえたのは、また別の理由がある気がした。

若い漁師は波に揺られながらカイルンを歌い続けたが、その上下する抑揚はまるで波のようだった。音程が揺れ動く独特の歌い方が、舟を揺らす波や波音と相性がいいのである。まさに〝波長〟が合っていた。しかも、なかなかいい声だ。二〇歳そこいらの若造のくせして、喉もシワがれていやがる。海辺の村に生まれ、ガキの頃から漁師の手伝いで海に出ているというから、それなりに海の男なのだろう。若い見てくれにそぐわない味わいのある節回しは、いっそうワイルドな波音と重なり合った。

海や漁の世界には歌が似合う。かつていろんな漁の現場を見て回っていた時期があって、そこでよく感じたのは漁師に歌好きが多いことだった。事実、彼らのまわりにはよく歌があった。たとえば、韓国のイカ漁には韓国演歌「トロット」があった。アフリカ・ギニア湾のカツオ漁では、漁師は船べりを叩いてリズムに歌を乗せた。冬の日本海のカニ漁には八代亜紀がいて、知床・羅臼のスケソウダラ漁には鳥羽一郎がいて、太平洋のカツオ一本釣りには北島三郎がいた。

「やっぱりサブちゃんですか」

「やっぱりサブちゃんやろ」

黒潮に乗って魚群を追う洋上の狩人たちである。ベテラン漁労長が座る狭い操舵室には、北島三郎のカセットテープがいくつも放り込まれていた。かなり使い込まれたラジカセから流れ出る男の演歌。ちょっと荒々しい海の仕事場には、「やっぱりサブちゃん」なのだ。

それぞれの海と漁には、それぞれに似合う歌がある。あの日のベトナムの海なら「サブちゃん」ではなく、カイルンの歌がしっくり染みた。もちろんケータイ着メロではない。漁師が歌うカイルンである。メコンデルタの先の、ベトナムの南の海に浮かぶフーコック島。旅の一座と離れて訪れた島だったが、なんの因果かそこにはカイルンの歌とシンクロする、カイルンが似合う海があった。

2　乾いた艪《ろ》

フーコック島はベトナムでもっとも大きい島である。シャム湾の内側に位置し、ベトナムの

ケー老人がフーコックの海に舟を出した。若者と共に網を揚げる現役漁師だ

陸地から四〇キロほど離れている。比べてみれば、ベトナムよりカンボジアとの距離のほうが近い。実際にクメール王国の支配下だったこともあり、いまもってカンボジアは自国領だと主張。領有権を巡り両国間の紛争の種にもなっている島だ。

だが、周囲を囲む海はとても平穏である。さらに、漁場としてもすこぶる豊か。その昔「オーパ、オーパ」と叫びながら世界中で釣りをした日本の文豪がいたが、彼も生前フーコック島を訪れ、釣り糸を垂れ、大物を狙った。

一〇万人ほどの人口の約六割が漁師。島民の多くは漁業と関わる、さながら「漁師の島」。とくに良質なイワシ類の漁獲に恵まれ、これを原料に作る「ヌクマム」はフーコック島が国内随一の産地になっている。日本なら味噌と醤油を合わせたような〝ベトナムの母なる調味料〟。食いしん坊国民ベトナム人にとって、もっとも多くヌクマムが作られ、もっとも美味いヌクマムの産地となっているフーコックとは、それはそれは大切な島なのだった。

私には、思いがけず「カイルンが似合う」という特別感が生まれた海だった。なにが起こるのか、どこかワクワク感も加わって、豊穣の海での漁を眺める。

漁法自体はいたってシンプルな刺し網漁だった。舟を進ませながら長い網を流して、後から引き揚げる。海も荒れてないし、難しい作業ではない。網揚げは二人で行う。一人はカイルンを歌っていた若者。名はフェイ。もう一人はタン。どちらも同じ年の若造なのだが、ここでの立場はタンのほうが上だ。

タンは漁師言葉でいう「船頭」、いわゆる漁労長である。フェイが呑気にカイルンを歌っている間もタンは海の状態を観察し、網を入れる場所やタイミングを計っていた。漁船は客船や貨物船などと異なり、「船長」とは別に「船頭」というポジションがある（同じ人物が兼ねる場合もある）。そして漁船においては、船長ではなく、船頭こそが船を仕切り、航海の全責任を負う。漁船の目的は魚を獲ること。海上に出て仕事をする価値があるかどうかは、漁を仕切る船頭タンの腕にすべてかかっている。

日の出と同時に始まった若い二人の漁は、すでに四時間以上経過していた。太陽から逃げ場のない海上でただジリジリ照らされ、体はドンドン熱くしんどくなっていった。

若い漁師はもう歌ってはいない。残念なことに、漁をする彼の姿はカイルンを歌うほどの見事さや意外性はなかった。そこは〝若造〟の見てくれのままのバタバタして、右往左往して、アタフタする、海の男としてあまりパッとしない有り様があった。

それでもタンはフェイに指示を出し、網を入れる場所を変え、揚げるタイミングを慎重に見極め、漁を繰り返した。しかし、数匹のアジに似た小魚が今日の彼らの成果だった。帰る舟の上にはもう、あの心地良いカイルンの歌声はなかった。

＊

浜辺で待っていたのは一人の老人だった。水揚げカゴの中身の少なさを見て、彼は大きく叫んだ。

「ホン・コー・カー(魚がおらん)」

まるで分かっていたかのように、表情を変えずに見たままを言った。そして、タンたちにはなんの言葉も掛けず、私だけを連れて浜を離れた。

漁師町の茶屋に行くと、昼から男たちがたむろしていた。老人は周囲から「オン・ケー」と呼ばれていた。「オン」はかなり年上に対する敬称なので、「ケーじいさん」といった感じか。

店にいた客がさっと席を空け、女主人に向かって
「オン・ケーにカフェ・ダー(アイスコーヒー)を出せ」

などと叫んでいる。

「じいさん、孫に舟をやらせるのかい」

「いや、試してるだけだ」

ケー老人は周囲の男たちとそんなふうに話していた。私がさっきまで乗って漁に出ていた舟は、目の前に座るケー老人が所有する。タンは彼の孫だそうだ。

ケー老人に会うのはこれで五度目か六度目かになるが、会うたびに彼の舟には異なる若者が乗っていた。ただし、これまでは舟で漁をする二人のうち、必ず片割れはケー老人だった。老人が乗らず、若い漁師だけに舟と漁を預けるのは、今朝の漁で初めて見た。

ケー老人は後継者を探していた。それは老人自身の後継者ではなく、漁を共に行うパートナ

ーのほうの後継者。網を引くのに必要なもう一人を、老人は最近いつも欲していた。ここのところ彼は自分の舟に取っ替え引っ替え若者を乗せ、試し、鍛え、自分の漁を続けている。かつては自分と同世代の漁師と舟に乗っていたが、老いた彼らはどんどん舟を下り、漁師を引退してしまった。もはや自分とだいぶ歳の離れた若者から、ケー老人は仕事の相棒を見つけなければならなかった。

「オレの舟は長く続く奴がおらん。すぐに辞めちまう。使いもんにならなくて、こっちから追い出すこともあるがな」

そう老人はぼやく。

ベトナムの漁業の現場では、日本で深刻になっている後継者不足や高齢化といった問題など存在しない。どこの浜でも漁師になる若者の数は多く、とりあえずケー老人の相棒候補はたくさんいた。

反対に、高齢のまま漁師を続ける人はあまり見かけない。肉体を過酷に使う漁の仕事。歳をとれば早々に引退するのがベトナムの常識だと聞かされた。

そんなベトナムにあって、ケー老人はいまだバリバリの現役漁師なのである。若者を従えて海に出続けている彼は、「漁師の島」フーコックであっても異彩を放つ存在だった。

「ベトナムで一番強い七八歳だよ」

茶屋の隣の席で、カフェ・ダーを飲んでいた男が言った。腕にフーコック島の入れ墨を入れた小柄な男で、ケー老人の昔の漁師仲間だそうだ。島の入れ墨男は自分よりはるか年上の、それでも現役で漁を続けている先輩漁師を、まるで自分のことのように自慢げに話し続けた。

「こんなに強い七八歳は日本にいるかい。どこにもいないだろ」

ケー老人の上半身は日焼けし、黒光りしている。肌の表面は張りなくしなびて見えるけれど、体の内側に潜むのは筋肉ばかりで、無駄な贅肉などない。そんな七八歳らしからぬ半裸姿をさらす老人の体を、島の入れ墨男は私に向かってペシペシと嬉しそうに叩いて見せた。

ケー老人は島の漁師から一目置かれる存在だ。漁師の詰所・番屋に行けばいっそう分かる。漁師たちの輪に入ると老人にはなに気なく席が用意され、番屋での真ん中あたりにいつも座る。おそらく漁のイロハを学び、仕事を教えてもらった漁師は、そこにたくさんいるのだろう。若いときに老人に鍛えられた者や稼がせてもらった者にとって、老人は〝生けるレジェンド〟だ。伝説の漁師と同じ舟に乗って漁ができることは、この番屋ではまだまだ貴重な意味を持っていた。

そして、伝説の老漁師は無類の頑固者だった。漁場では決して自分のやり方は変えないし、それを若者に強いた。だが、長年培った漁のやり方は老人にとって当たり前で平易だろうが、若者たちには戸惑うことも多かった。漁師としての圧倒的な経験の差は若者たちに反対を唱える余地など与えず、新米漁師はただ老漁師に従うしかなかった。不幸にもそれができなければ、舟を下りるしか若い漁師に逃げ場はない。

「じいさん、いろいろとうるさいんだろ。だから舟に乗ってもみんな下りちまうんだよ」

小さな軽口が番屋の奥から聞こえた。言った輩はだれかに番屋の外へと連れ出され、戻ってこなかった。

＊

ケー老人はなぜフーコックの海で漁をし続けているのか。直接答える代わりに、彼はこんな言葉を教えてくれた。

「乾いた艪《ろ》はなんの役にも立たない」

古くからフーコック島の漁師たちに伝わる、ことわざみたいなものだという。もちろん「艪」は船を進ませる道具。このことわざには続きがある。

「海に出ればすべてが手に入る。陸での金や富なんて海の泡みたいなものだ」

目の前に広がる海には無尽蔵の富があって、欲しいもの必要なもの全部がそろっている。大海原の恵みに比べれば、陸上で得られる金品のなんとちっぽけで空しいことか。ことわざに出てくる「乾いた艪」とは、漁師を辞めて、海を捨てるという意味なのだろう。そんなおろかなことを、

「どうしてオレが選ぶんだ」

と老人は言いたかったのかもしれない。あっさりと辞めていってしまう漁師仲間を見てい

100.000
VIỆT NAM
ĐỒNG

て、いっそう頑固に言いたかったに違いない。

「オレは漁師だ」

彼の人生はいつも海に出ることで切り開かれた。

ケー老人の父親も漁師だった。海の向こうからやって来たカンボジアの人だった。カンボジア本土とフーコック島の間の豊かな海で漁をしているうちに、いつしかフーコック島に住み着き、島の娘と恋に落ち、「ケー」と名付ける子をもうけた。

ベトナムの島で生まれ育ったケー少年は、やがて生きる糧を求めて父親同様に目の前の海に出て行く。漁師の生業とは、彼にとって選択するまでもない必然だった。ベトナムとカンボジアのどっちの陸にいるかなんて興味はない。居場所は海だった。

ケー青年はある日、漁に出た海から魚といっしょに若い女性を舟に乗せて帰ってきた。カンボジアから連れてきた嫁だった。

「大漁の日だった」

もう死んでしまったその連れ合いとの出会いを、老人はそんなふうに話してくれた。結婚した後も、フーコック島の海では魚がたくさん獲れた。漁の稼ぎだけで家も建てた。子や孫も増えていった。海には金も富も、家族さえもあった。

漁師を続ける老人の目下の悩みは、いっしょに舟に乗せる若者が長続きしないことである。

「最近の若い奴らは」

などとお決まりを言って、漁の仕事について来られない若者の軟弱さを嘆く。その軟弱さこそが、彼らが自分の舟を去る原因だとも思っている。しかし、老人の舟から漁の相棒が遠ざかるには、もう一つ切実な訳があった。

なにしろ近頃のケー老人の舟は、魚が獲れないのである。重労働であっても、他の仕事に比べてもらえる金が多いのが漁師の魅力。それにはたくさん魚を獲る船頭の舟に乗らなければならない。いい稼ぎにならないような、水揚げが少ない船頭の舟からは、どうしたって人が去ってしまう。

番屋にいて、ケー老人の水揚げカゴの中身の少なさは一目瞭然だった。たまたまだったと思いたいが、訪れたときに老人が大漁だったためしはない。浜ではすぐに魚が売買されるのだけれど、札束を握りしめてウハウハ顔した老人には、ついぞお目にかかったことはなかった。

老人とはある約束をしていた。

「いつかおまえに、でっかいカー・トゥーを見せてやる。一メートル以上のな」

カー・トゥーとは「バラクーダ(大鬼カマス)」である。フーコックの海にはメートル級の巨大なそれがいて、凶暴な強者だが市場では良い値もつく。〝約束〟は漁師としてのケー老人のプライドだったのかもしれない。大漁もなければ、大物を仕留めた瞬間も私に見せたことがない彼にとって、どうしても見せつけなければならない、漁師としての自身の存在証明だったのだろう。

初めて舟に乗せてもらったとき、老人はいくばくかの現金を要求した。だが、二度目からいっさい金を受け取らなくなっていた。何度も通ってくる私が大漁や大物を獲る様子を写真に撮りたがっていると、老人は分かっている。〝獲〟れずに〝撮〟れなければ、金もいらんということらしい。

「そりゃ見たいね、じいさん」

老人のバラクーダ話を聞くたびに、私も声を弾ませた。

「ああ、すぐ見せてやる」

ケー老人は約束してくれた。

＊

ようやくタンが浜から戻って来た。ケー老人の家で、みんなでいっしょに昼飯を食うことになった。

老人の娘、要はタンの母親が料理を用意している。出されたのはイカの鍋だ。島名物の小ぶりのイカを丸ごと甘酸っぱいスープの鍋にぶっ込んでは、引き上げて食べる。朝獲れの新鮮なイカだから半生でもいい。まるでイカのしゃぶしゃぶ。それを香草といっしょにライスペーパーで巻いて食べる。ひたすら食べる。

「美味いかい」

タンの母親が聞く。口にイカを詰め込み黙って頷くと、

「家のすぐ前の海で獲れたばかりだからね。だけど、もうすぐこの家がなくなるかもしれない」

と彼女は言った。こちらは黙って頷くだけとはいかない。

問い返し話を聞いたところ、どうやらフーコック島には新しい大きな空港が建設中で、完成する新空港に合わせてリゾート開発が計画されているそうだ。島でリゾートといえば、ビーチリゾートしかない。ほかでもない、そのビーチリゾート開発の計画予定地が、ケー老人たちの住むこの美しい浜一帯なのだという。

「もう立ち退きのお金はもらっているのよ」

老人の娘でありタンの母親は、そう話しながら老人を見た。ケー老人は聞こえないのか、黙々とただイカ鍋を食っていた。

3 漁師になった難民

ボー老人は〝暴君〟だった。

最初、家に飛び込んできたのは若い娘。小声なのだが、とても慌てた様子である。

「じいちゃんが来るわ。だいぶ怒ってる」

そこにいた五人ほどの人びとに彼女が目配せをしていると、追いかけるように「オン・ボー」がやって来た。

大きな体の老人は、いきなり怒鳴り散らした。手に持った紙を指差しながら叩く。机を叩く。柱を叩く。壁を叩く。壁といっても、それはニッパ椰子の葉と細い丸木で作った風通しのいい〝囲い〟である。ボー老人の怒りの前に、家そのものが激震に見舞われた。

彼はなにかが気に入らないらしい。

手にした紙に老人の怒りの原因が書かれているようだった。内容は漁船に関する売買契約についてで。この家の住人たちが所有するか権利を持つものを、どうも老人の意に反する形で売ってしまった模様。居合わせるのは全員家族や親戚で、その場を代表して孫や嫁が説明しても、なだめても、老人はいっこうに聞く耳を持たない。火に油を注ぐだけである。大きな声でわめき暴れまくって、もはや全員がお手上げ状態になっていた。

ボー老人はひとしきり話をして、最後に命令口調でなにかを告げると突然、家の裏庭へと出て行ってしまった。彼の告げた指示は一方的で、他の家族に同意した様子はない。それでもだれひとり口は挟もうとせず、とりあえず嵐の去ったことにホッとしているようだった。

ベトナムでは〝珍しい〟老漁師を探して、ケー老人とは別の浜を訪ねていた。

島の北側にある簡素な漁村だ。入江になっている前海には、大小たくさんの漁船が停泊している。水揚げも多そうで、魚で賑わうフーコック島らしい村だった。

村人に「歳をとった漁師がいるか」と尋ねて回ると、すぐに三〜四人の名前が挙がった。紹介された漁師の家はすべて港の近所で、すぐ家に行って話はできたのだが、どの人も最近はあまり漁に出ていないと言う。彼らは皆、半ば引退した〝元漁師〟。ただ、最後の一人だけが家にいなかった。

「海に行ってますよ」

その漁師の孫だという若者に案内されて向かったのは、木の板を乗っけただけの粗末な桟橋だった。初めて目にしたボー老人は、その桟橋の先から上半身裸で歩いてきた。ついいましがた舟から下りて来たようだ。なるほど、上半身裸とはなにかの符丁らしい。彼もまた、日々海に出ている〝現役漁師〟だった。

ケー老人同様、このボー老人と会うことは、私がフーコック島に通う目的となった。二人の老漁師に会い、可能ならば海に出て漁を共にし、メシを食い、酒を飲む。そして、ケー老人がいつも同じく不漁のように、ボー老人もいつも怒っていた。

久しぶりに訪ねたこの日も、やはり毎度のとおりボー老人はなにかに憤っていた。変わらず元気な様子である。しかし、家の裏庭に出てボー老人が向かった先、そこで待っていた老婆はいつもの元気な姿ではなかった。椰子の木の下にポツンと建てられた小屋のような家である。

二部屋しかない中にベッドが置かれ、ボー老人の妻がたった一人で体を横たえていた。老人が部屋に入ると体を起こし、後ろにいた私とも目が合った。

「ロング・タイム・ノー・シー・ユー」

英語である。前に会ったときに撮った写真を彼女に手渡すと、ごそごそと奥から箱を持って来て、中にある、はるか以前に私が撮った写真を取り出して見比べている。

「だいぶ歳をとったもんだ。いまは足が悪くなっちまってねえ、ずっと寝ているのよ」

老婆が弱々しく話す。足だけではない。体の他のどこかも病んでいるようで、だいぶ体調が悪そうだ。衰弱さえして見える。ボー老人はそんな彼女の前に静かに座っている。先の怒りが収まったのか、少し柔らかな表情になって同じ写真を覗き込んでいた。

しばらくすると、孫娘がメシと酒の用意ができたと私を呼びにやってきた。外国人となにやら英語でやりとりする自分の祖母が不思議だったのか、からかうような口ぶりで言った。

「ばあちゃん、分かるのかい」

老婆は張った声で言い返す。

「シャラップ！」

そして、優しく振り返って、

「レッツ・ゴー・イート。グット・ラック・ジャパニーズ」

弱々しく微笑んで、自分の体を再びベッドに横たえた。

老人も老婆もフーコック島の出身ではない。生まれ育ったのはサイゴンで、老人はアメリカ関連会社でドライバーの仕事をしていた。老婆は米兵が出入りするバーで働いていた。当時は二人とも老人でも老婆でもなかったのだが。

一九七五年、ベトナム戦争の終結とともに二人の生活は一変する。統一を果たし、北から共産政権のベトナム人がやって来た。アメリカと関わりがあった自分たちが、はたして彼ら北の人間にどんな扱いを受けるのか、どうなるのか皆目分からず不安だった。雇い主のアメリカ人たちはとっくに飛行機で本国へと逃げ帰っていた。残された二人にとっては

「正直、ベトコンが怖かった。いっしょにアメリカに連れて行って欲しかった」

ベトナム戦争末期、サイゴンにいた多くのベトナム人が難民として脱出したように、ボー夫妻もいわゆる「ボートピープル」となって海を渡ろうと試みた。乗った難民船が途中に立ち寄ったのがフーコック島だ。島で水などを補給してタイへと行く手はずで、可能ならば最後はアメリカに向かう予定だった。しかしながら、ボー老人はフーコック島にとどまった。理由は、

「島に新しい女ができた」からだ。

フーコック島に暮らし始めたボー老人は、新しい仕事に漁師を選んだ。四〇歳を過ぎていたが、島の漁師に教えを請い、風、潮、漁場を学んだ。漁の才覚よりも類いまれな彼の体力と胆力で、土地の漁師たちともすぐに渡り合えるようになったという。

数奇な運命だと思う。サイゴンを逃れたボートピープルは、なぜか新たな居場所を同じ国の

南の島に決め、漁師として生きることになったのである。

ボー老人と共に老婆も島に残った。妻と〝新しい女〟との三人の生活はどうなったのか。

「オレには別にもう一人ワイフがいるのさ」

その顛末を老人はそう表現した。彼は漁をするかたわら、山を切り開いて果樹園をつくり、そこに島の女と二つ目の家族をつくった。〝新しい女〟はとても若かった。〝サイゴンから来た男〟はとても力を持て余していた。

ほどなく彼は〝新しい女〟にカフェを作らせた。果樹園近くにいまもある掘っ建て小屋の店だが、美しい海と長い砂浜に面した、地元の人たちがよく立ち寄る場所となった。そのカフェでは〝新しい家族〟といっしょにいるボー老人をたびたび見かけた。〝新しい家族〟といっても、もはや数十年の歳月を経ていて、長いこと生活を共にしている古女房と成長した子どもたちである。どこから見ても「家族」と呼ぶのが当たり前の、ごく自然で安定感が漂う風景にボー老人は座っている。

ボー老人に会うためには、その果樹園のカフェか漁村の家かを訪ねればよかった。いきなり漁村の家を訪ねると

「オヤジは果樹園だろう。行ってみたらいい」

と六〇歳になる老人の息子が言い、たまに果樹園カフェへ先に行ったりすると、

「今日は漁に出てるんじゃないですか」

と二〇歳そこそこの孫娘が言う。ボー老人の二つの家庭はなにごともなく共存し、老人は必ずどちらかの家族のもとにいて、どちらかの家族のもとにいなかった。

ちなみに、漁師の家の還暦を越えた息子も漁師。だが、ベトナムの常識どおりにすでに仕事の一線を退いている。漁師一家の主力は現在では孫の世代になっていて、三人の若者が毎日舟を出し、海で稼ぐので、ボー老人はそう頻繁に海に出る必要はない。こちらの家族の家計は完全にボー老人なしでまわっている。

他方、漁村からバイクで一〇分ほど走った、岬を越えた別の浜の近くにある果樹園は、いまだボー老人が仕切っている。こっちの家族の家計はカフェからの日銭と、果樹園の収入。ここでの彼は貴重な稼ぎ手だった。

あるとき果樹園カフェに入ったらボー老人はいなかった。先に漁村を訪ねて姿がなかったので来てみたが、

「知らないよ。向こうにいなきゃ分からない」

と孫の若い女は無下もない。

どちらの家にもいないボー老人。ならば、私には少しだけ心当たりがあった。ボー老人にはお気に入りの第三の場所がある。たしか果樹園のはずれにあったはずだ。簡単なテントが張ってあって、雨風しのげ、煮炊きもでき、寝泊まりすることもあると話していた。そこで以前、

私は老人に質問したこともあった。

「あなたは漁師なのか？　果樹園の農家なのか？」

すると老人は、いつもの怒ったような強い口調で、

「オレはどっちでもない。どっちでもないからここが好きなんだ」

と言った。そこは果樹園を通り抜けて行く高台で、海がよく見渡せる場所だった。やはりボー老人は、その「どっちでもない」ところに一人でいた。座って、ただ海を見ていた。そして、私が来るのを待っていたかのように、いきなり自分の姿を写真に撮れと命じた。

「日本兵のように撮ってくれ」

彼はそう注文をつけてポーズを取る。

老人は日本人である私に対し、以前からたびたび、島で会ったという旧日本軍兵士の話をしていた。太平洋戦争中フーコック島には日本軍の飛行機発着所が置かれていたので、老人はそこで日本の航空兵を見たのだろう。彼は繰り返し日本の兵隊の強さや、日本人の礼儀正しさを話してくれた。

「どうだ。日本兵みたいだろ」

そう言われても、私は日本兵を撮ったことがないので分からない。しかし、老人はカメラの前で彼自身が見た、これこそ日本兵だというポーズを取り続けた。

「日本の兵隊はそりゃ強かった。フランスもアメリカも、あいつらは弱い。すぐに逃げる」

老人は海を見ながら語り続ける。

「日本の兵隊は決して逃げない。オレの娘はアメリカの兵隊と結婚してアメリカに逃げたけど、それっきり行方知れずだ。戻っても来ない。オレはベトナムから逃げなかった。だから、その証拠を写真に撮っておいてくれ」

ボー老人も彼の娘も、この国の多くの人と同じようにいやおうなしに戦争に巻き込まれ、自身の人生が国家と断ち難い関係を持たざるをえなかった。だけど、戦争が抱えていた独立と統一という大義は、どれだけボー老人たちがいまそれぞれの場所にいる理由につながったのだろう。

被写体となったボー老人は、それから無言になって海を見つめていた。ベトナムの南のはずれのフーコック島で、彼は「どっちでもない」場所にいて、「逃げない」まま国にとどまり続けている。

4 老漁師たち

ヘミングウエイはキューバの老いた漁師に、大格闘の末、巨大なカジキを釣り上げさせている。後からサメに食われてしまうものの、漁師にとって最大の見せ場はつくってくれた。では、このベトナムの「老人たちと海」の物語には、ヘミングウエイだったらはたしてどんな結末を用意するか。

オン・ケーは最後に見事にバラクーダを仕留める。きっとそんな物語になる、と思いたいのだが、ベトナムの老人にはいっこうに大物を仕留める気配がなかった。現実の海ではそうそう劇的なストーリーが待っている訳ではないらしい。


フーコック島には新しい空港が二〇一二年に完成し、すでに開業していた。大きくて近代的な建物だ。初めて降り立つと、そこが存外ケー老人の住む浜に近いことが分かった。

かつては雨が降るとどうしようもなくぬかるんだ赤茶けた土道は、途中までハイウエイのように舗装された道路になっていた。空港から老人の家へ向かう道すがらは、道路工事やホテル建築があちこちで行われ、大きなリゾート開発の看板がいやでも目に入る。その横に広がる碧い海と白い砂浜。フーコック島の美しい風景を堪能させたいなら、間違いなくだれでもこの場所に狙いをつけるだろう。

大開発の風景が途切れた瞬間、見慣れたはずのケー老人の漁村が現れた。いつもなら知った浜の風景が近付くにつれ、老人との再会に高揚感も出てくるもの。だが、途中の風景は驚くほど変わり、心の準備のないまま目的地に出くわしアタフタする。老人の家を訪ねると、老人の娘のほかだれもいなかった。いまは彼女も住んでいる訳ではなく、たまに町から通って来ているだけという。ケー老人ももうそこにいないという。

老人は海の見えない「町の家」で、上半身裸ではなく、襟のあるシャツを着て私を出迎えてくれた。

真新しい白い壁の家だった。部屋がとても広く感じたのは、あまりに家具が少なかったからだろう。殺風景な部屋に置いてある唯一のタンスの上に、八〇歳を祝う国からの賞状が飾られていた。そのすぐ横に片付けられていた写真の束をケー老人は持って来て、見せてくれた。家族との旅行写真だ。娘たち一家や孫のタンも写っていた。フーコック島ではないベトナム本土のどこか観光名所のようで、たいそう金がかかったと老人は言う。

家族写真のいちばん下に、少し大きめの写真があった。

「これはおまえが撮ってくれた写真だ」

漁が終わった直後に浜で撮った一枚だ。海を背景に座るケー老人。だいぶ前に渡したままの厚紙に挟まれ、大事そうに保管されていた。彼はその写真だけ自分の手元に引き寄せ、じっと見ている。

老人はいつものようにメシを食って帰れと言ってくれた。だが、私は申し出を断って家を出た。

「あのバラクーダの約束はどうなっちまったのですか。艪は乾いちまったのですか」

漁を終えたケー老人

古い肖像画を持つボー夫妻

そんな難しいベトナム語の質問は、私には到底できそうにない。

＊

「もし死んでも、ここにいれば『カー・オン(鯨)』が来てくれるからな」

ベトナムの漁師たちの間には、死ぬと海から鯨がお迎えに来るという言い伝えがある。果樹園にいても、この話をするときのボー老人は漁師だった。

しかし、「オン・ボー」にはまったく「カー・オン」のお迎えが来そうな気配はない。老いてますます元気な〝暴君〟であって、最近では海の漁よりも果樹園の仕事のほうがめっきり増えていた。いっしょに海に出たいと私が頼んでも、連れ立って行くのはもはや彼の孫とが圧倒的に多くなっている。

どうやらこちらの「老人たちと海」の物語も、しばらくは劇的な展開など期待できそうにない。

島の北西にある漁村から北東方向に舟を進めると、すぐに舟の上から陸影が見えてきた。

「カンプチア～(カンボジア)」

舟を操るボー老人の孫が楽しそうに叫ぶ。さらにどんどん舟が進むと、前方にはくっきり陸地が見え出す。それがまさしく「カンプチア～」であり、ひょっとしたらいまいる海域もすでに「カンプチア～」かもしれない。ちょっぴり不安。なにせこの漁師一家、過去たびたび領海侵犯して「カンプチア～」の軍か警察に拿捕され、そのたびに大金を払って解放という経験を重ねている。

「魚が獲れる場所に行こうとすると、ついついカンボジア海域まで行ってしまうのさ」

そう話しながら舟を走らせていたら、突然エンジンが止まった。カンボジア軍が停船命令を発したのかと思ったら、使っている中国製エンジンのトラブルだった。エンジンの横腹に「YAMAHA」と書いてあったが、あらためて見れば手書きだ。

なんとか修理を試みていた孫だったが、すぐに諦めて携帯電話をポケットから取り出し、だれかと話し始めた。ベトナム側の陸地はかすかにも見えない。携帯電話の電波というのはそこまで届くものかと感心しつつ、なるほどありがたいものだと思った。

ボー老人が操る助け舟は二時間ほどで到着した。止まった漁船をロープで牽引して寄港することになり、なぜだかボー老人が後ろの舟に乗り移り、私と孫が前の助け舟へと入れ替わる。

しばらく走ると後方からなにかが聞こえてきた。振り返ればフーコックの海の波が大きくうねっている。その波間のはるか彼方から、間違いない、カイルンの歌が漂い聞こえた。

第6章

死に場所へ橋を架ける

●カントー●

1 飯場のカイルン

どちらが盛り上がっているのか、一目瞭然だった。

かたや七〜八人の男が集まった宴会。たいした食いものもなく、家の軒先の東屋の薄暗い中で酒を飲んでいる。かたやカイルンの舞台。粗末な野天舞台ながら、照明と音響と、なにより金を取って演じるプロの役者がそろっている。

両者で盛り上がりを競う必要はないし、競っても勝敗は明らかなはずだが、目にした風景には〝観客〟の注目を一身に浴びる宴席の男たちがいた。正統派のエンターテインメントに非があるのではない。予期せぬ形で現れた〝エンターティナー〟たちが面白すぎたのである。

カイルンの芝居小屋は川近くの野っ原に建てられていて、珍しく仕切り幕もなく、道ひとつ隔てた宴席から舞台は遠目に眺められた。役者の姿や芝居の内容はなんとか確認できるし、音響は酔っ払いのもとにしっかり届いていた。

そして困ったことに、酔っ払いたちが騒ぐ大声もカイルンの観客席には届く。しかも、たまに舞台に呼応して飛ばすヤジ、声援、合いの手の類いが、それは基本的には邪魔で鬱陶しいのだけれど、ときに的を射て場を盛り上げたりする。ことさらそういったハプニングを喜ぶのが子どもたちだった。だんだん芝居そっちのけで、ヤジに反応して笑い声をあげていた。

しばらく経って、宴席からは奇声や怒号が混じり出す。酔っ払った男たちの常軌を逸した怒鳴り声。言い合いの末、とうとう、いよいよ、やっぱり、取っ組み合いの喧嘩が始まったようだ。俗世の喜怒哀楽を描いてなんぼの芝居のすぐ脇で、俗欲ほとばしる〝本物〟が出現してしまった。もう観客はカイルンどころではない。まずは子どもたちが喧嘩のもとへと走り出し、追いかけるように大人たちも野次馬の輪に加わる。こうなると舞台上で役者はお手上げだ。

ベトナムでのいさかいでは、あまり殴り合いは見ない。その代わりに相手を指差して激しくののしるのだが、今回は倒れた相手に馬乗りになって、男が上から顔に指を差して叫んでいる。下の男も負けずに言い返し、暴れる。まわりの数人が両者を引き離そうとすると、さらに暴れる。

ここで〝舞台〟は急展開。場面を転換させるべく、新しい登場人物が現れる。

二人の間に強引に体を入れる仲裁者がいて、でも勢い余って上の男をド突いてしまった。下の男が間隙をぬって起き上がる。するとなぜだか分からないが、喧嘩をしていた当の二人が仲裁男をなにやら問い詰め始めた。指差して。いさかいを収めるのには、それなりの顔役じゃないと勤まらない。力不足の役者が出しゃばると、かえって反感を買うということか。悲しいかな仲裁男はサンドバッグ状態になって、すごすごと引き下がる。それを契機にどの男たちもテンションを下げ、一連の騒ぎは収束していった。

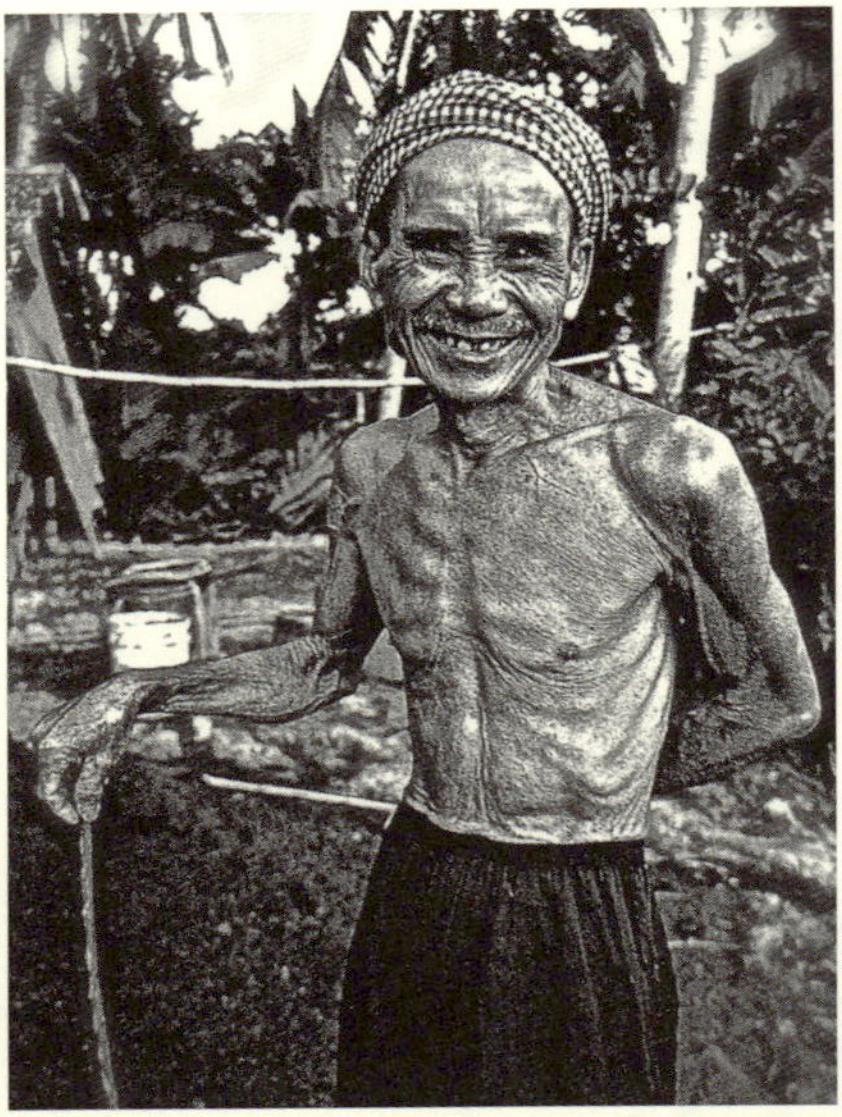

豊穣の大河の懐。カイルンとともに人間がうごめいた

飲めや歌えの大騒ぎから、ストリートファイト、謎の収束に至る小一時間の見せ物は、盛り上がり方としてはるかにカイルンをしのいでみせた。〝舞台〟を取り囲んでいた〝観客〟たちは、ほとんどが再びカイルンの芝居には戻って行かなかった。

＊

宴会をしていた男たちの多くは、この村に住む人間ではなかった。周辺の村々から仕事にやって来ている出稼ぎ労働者である。

仕事とは橋の建設だった。メコン川に架けている、とてつもなく大きな橋の工事。この場所では橋脚の一つが建てられ、橋桁を渡す作業が進んでいるらしい。出稼ぎ男たちは毎日ここで土を掘ったり盛ったり、コンクリートを運んだり積んだりをしている。自分の家には帰らず、民家を借りるか簡単な小屋を建てるかして、現場近くに住み込んでいた。夜に宴会をしていたのはそうした彼らの食って寝る場所、いうなれば工事現場につくられた「飯場」だった。

飯場の男たちは、喧嘩が収まった後も酒を飲み続けた。もとからそうだったのだが、彼らの酒の飲み方は肉体労働の疲れを癒すちょっと一杯、ひとときの小さな宴といったものではなく、ひたすら酒をあおり続ける深酒スタイルである。翌日の仕事に差し支えないのかと思って見ていると、

「明日は仕事がないぞー」

と男のひとりが言う。なるほど、休日前の開放感にひたった、タガもハメもはずれてしまう

宴会だったか。さらに、かぶせるように隣に座る男も言う。

「今日も仕事がなかったぞー」

なるほど、連休だったのか。それはそれでいっそう弾けることだろう。しかしながら、別の男が言った。

「昨日も一昨日も、その前だって仕事がなかったぞー」

なるほど、夏休みでももらったのかー、とはならない。彼らはなにか諦めたような、自虐的な笑みを浮かべながら、それらを話し続けている。

「こうして毎日、酒を飲むしかねえんだ。仕事がねえんだから」

男たちの前にはまだ完成していない建設途上の橋があった。しかし、現在その橋の工事はすべてストップし、彼らがしていた仕事も中断している。いつ再開されるかも分からない。昨日も今日も明日もどころか、男たちはここ数週間ずっと働いていなかった。

ほんの二か月前、二〇〇七年九月のこと。建設中の橋桁が、作業中の男たちの近くでいきなり壊れ落ちたという。

「橋の上で二〇〇人ぐらいが仕事してたと思う。突然のことだよ。コンクリートが崩れるのが見えて、たぶんたくさんの人が落ちたり、下敷きになったはずだ」

崩落の瞬間を目撃した男が飯場の中心にいて、酔っ払いたちが事故の起きた日の話をしている。

高さ二五メートルに架かった橋桁が橋脚からはずれ、長さ一〇〇メートルに渡って崩れ落ちたそうだ。五〇人以上の死者と多数の怪我人を出す大惨事だった。地元紙は原因を、長雨で軟弱化した地盤と、固まりきらない強度不足のコンクリートとしていた。ズブズブでグニャグニャ。工事管理の杜撰さが問われた。以来、事故調査のためなのか、末端作業員である男たちは、まったく工事現場に立ち入れなくなってしまった。

「仕事は続けられるから帰るなと言われた。だけど、いつまで待っても始まらない」

出稼ぎ労働者たちはどこにも行けず、なにもすることもなく、ただただ無為に飯場で時間を過ごしていた。

＊

「人気がないですなぁ」

カイルンの芝居小屋でからかい半分に話すと、座長とおぼしき人物が黙ったままの笑顔になって、そして、しばらく考え込んでから言った。

「ええ、まあ、そうだね」

「橋の事故があって、ああして暇を持て余している労働者を当てこんでたんだけどねえ」

ともつぶやく。

巨大な橋は、メコン川最大の支流ハウザンに架けられることになっていた。主橋部分だけで三キロあり、完成すれば川の両岸のビンロン省とカントー市が直接結ばれる。崩落が起きたのはそのビンロン側。事故現場近くに行ってみると、メコンデルタ最大の都市カントー側とは異なり、田園と熱帯雨林が広がる中にある村だった。

旅のカイルンの一座がなにかを期待したくなる気持ちも分からなくはない。橋の建設以外にも周辺でやたらと工事をしていた。森が拓かれ、川や運河や田んぼが埋め立てられ、新たに舗装道路や住宅地が造成され始めている。橋の開通にともない幹線道路のルートが変わるそうで、新しい町の出現を見込んでの周辺開発。のどかな田園と熱帯雨林の二束三文だった土地に高値が付いて、ちょっと浮かれた「バブル」の様相だった。そう、なんだか儲かってる気配。

そこに流れ込んでいる多数の臨時作業員を前に公演を掛ければ、人が集まること間違いなし、と思ってもおかしくはない。しかも最近じゃ、橋建設の労働者は事故で仕事が中断して、たいそう暇を持て余しているというではないか。

飯場の男たちはすでに二か月、三か月、長いと半年以上住み込む者もいた。だいたいが川で魚を獲っている漁師か、田畑を耕しているお百姓で、それほど遠い土地ではない近隣の村の人たちだ。年中豊かに稔るメコンデルタに明確な休漁期や農閑期などないから、季節のまとまった出稼ぎという感じではなく、入れ替わり立ち替わり不定期に人が出入りしている様子だった。

ただし、それは不特定の人間がやって来るのではない。飯場の労働者は漁師も百姓も友達か縁故かでつながっていて、いきおい同郷者などが芋づる式に橋の工事に呼び寄せられている。

「住んでるところが橋の開発で立ち退きになったのよ。それで、この仕事を紹介されてね」

と芋づる式の一人が言う。このお百姓が暮らしていた集落では、家と田畑を失った人びとがこぞって橋の工事へと働きに出ていた。飯場はそんな彼らがとりあえず肩を寄せ合う、小さな故郷だった。バブル到来で浮かれた景色の一方で、工事現場の労働者はそれほど気楽ではないらしい。

それに、あやうく事故を免れ命拾いしたのはいいが、仕事が中断して彼らに労賃が払われない事態になっていた。暇な時間があっても日銭には窮し、生活に余裕も軽やかさもない。カイルン一座の思惑とは、実際にはほど遠い人たちなのである。

「ひどいもんさ。いい加減なんだよ。地盤はぬかるんでるし、あんな橋の柱じゃまた崩れる」

飯場の酒盛りは再び盛り上がりつつあった。橋の崩落を見た者が見てない者に当時の様子を説明し、年かさの物知り顔が事故原因を解説している。地元の村人も混じった〝観客〟が、興味津々に事故の話題を取り囲んでいた。さながら〝飯場劇場〟の第二幕目だ。

日銭がなくとも事故ネタの愚痴は尽きず、酒の肴にいくらでも言い合えるようだ。橋脚の根元に滞留する飯場の男たちにとって、こうして時間を過ごすことがいまや最大の娯楽だった。カイルンの舞台はとうに撤収している。一座の何人かは飯場にやって来て、〝観客〟の一人になっていた。

2 橋桁の下に

カントー橋は二〇一〇年に開通した。崩落事故の影響で工事は約一年間中断し、予定よりも二年近く遅れての完成である。

メコン川に架かったそれは、上空をうねる龍のごとき威容だった。東南アジアでもっとも長い「斜張橋」。ワイヤーで支える吊り橋の一種で、横浜ベイブリッジや瀬戸大橋の一部など、日本でも多くの橋で採用されている形式らしい。設計と建設を請け負ったのは、日本の名だたる企業の共同体(JV)だ。約三〇〇億円の事業費用も日本の政府開発援助(ODA)から供出された。日本発の高度な架橋技術と多額な資金が投入された、それはそれは立派な橋である。

「さすが日本の技術です。事故も日本に責任があるのではなく、ベトナム人が工事していたからですよ」

とメコンデルタの街場の識者は話しかけてきた。識者の言うところでは、このカントー橋の開通によって、最北ランソンから最南カマウまで、ベトナムを南北に貫く国道一号線二二二〇キロが一本の自動車道でつながったことになるらしい。ベトナムでは以前から国土を縦断する道路整備プロジェクトがあって、メコン川に架かったカントー橋はその壮大な国家事業の完成を意味するそうだ。

「でも、そんなベトナム全土の話なんかじゃなくて、サイゴンとカントーが格段に短い時間で往来できるようになったということが、とってもいいことなのですよ。南の発展のためなのですよ。ハノイのために橋を造ったのではないのですよ」

言うまでもなく「サイゴン」とはベトナム最大の商業都市で、圏内人口一〇〇〇万人に迫るホーチミン市だ。そして、一五〇〇万人を有する大穀倉地帯メコンデルタの、その中心都市がカントーである。

両都市は二〇〇キロほどしか離れていないのに、日帰りするにはしんどい場所だった。うかうかしていると片道で六〜七時間かかる。これが半分以下となれば一気に人と物の流れは活性化し、南部ベトナムにもたらされる経済的メリットは計り知れない。さらに、そこはベトナム南部。メコンデルタの識者は出来上がった橋が立派であればあるほど、抱える北部への反発心を匂わせ、橋はあくまでメコンデルタ地域のためだと局所的価値を主張する。

しかしながら、橋が架かってだれもが真っ先に口にしたメリットは、もっともっと局所的な部分だった。ほかでもない、メコン川それぞれの対岸。そこで膨大な交通渋滞が消えたことである。

橋で川を渡る時間は五分。それまでのフェリーなら三〇分。短縮された渡河時間はそう大きくないが、フェリーは乗り込むまでに何時間も待たなければならなかった。昼夜問わず一〇隻

多数の死者が出た事故現場の頭上に、巨大なカントー橋が完成

以上の大型フェリーがピストン運航していても、一日平均自動車一万台、バイク六万台、あれやこれや八万人とされる集団が押し寄せれば、岸辺の乗り場は否応もなく滞る。

「一時間二時間待ちならラッキー、三時間四時間待ちはザラ、渡れずにもう五時間以上だヨ」なんてのが常態化していた。「ボトルネック」の例えよろしく、どんなに太く舗装道を整備しても、メコンデルタの陸上交通は川を渡るための待ち時間が「細首」となって支配していた。ビンロン〜カントー間のフェリーの歴史はおよそ一〇〇年。昔に比べて車も交通量も増えて渋滞が激しくなったと思いきや、いやいや昔のフェリーは船も小さくて運行数も格段に少なかったので、人びとが渡し船を待って滞ってしまうのは、メコン河岸では古くから存在する伝統風景だったのだそうだ。

橋が完成した途端に、川を前にいっさい待たない、渋滞しない。それは〝信じがたい光景〟だと言うのも信じがたいが、メコン河岸に住む人びとにとっては、やはり驚くべき劇的な変化だった。

＊

日常的に人が集まる場所が出現すると、この国では食いもの屋がやって来る。天秤棒を担ぎ、それがしだいに屋台になり、やがて店を構え、どんどん大きく、数も増えていく。

メコン川のフェリー乗り場の場合、渋滞の車列が長く延びるにつれ、街道の両サイドには長く店舗が並ぶようになった。ほとんどは飲食店である。麺類などの軽食から、酒も飲める大きな飯屋、続いてカラオケやビリヤード場といった娯楽施設、自動車とバイクの修理屋、簡易宿泊所もあった。

店舗がある表通りから裏にまわれば、そこには商売をする人たちが住む家々があって、雑貨屋や床屋や服屋や、今度は住む人たちの暮らしに便利な生活空間がつくられていった。フェリー乗り場はもはや集落以上の、ちょっとした町になっていた。

サイゴンからバスに乗って初めてカントーへ行ったとき、そんな渡し船の〝町〟で日が暮れたのを覚えている。

ハウザン川に近づいて渋滞の後ろに大型バスが着くと、同乗のベトナム人たちは次々と車外に出て行った。彼らはビンロン側の〝町〟でメシを食ったり、糞をたれたり。積んだ荷物を抱えて降りて行く者が多かった。

後から分かるのだが、人間と車は別々にフェリーに乗り込めて、人だけは先んじて渡河できる。対岸に渡ればもうそこはカントーの入り口だ。カントー行きのバスの乗客はバスといっしょに渋滞なんかには並ばず、徒歩でフェリー乗り場に行って川を渡ってしまう。対岸に渡った後はセオムや小型三輪バスといった安い乗り物へと乗り換え、目的地に向かえばいいのである。

事情が分からない外国人だけが進まないバスに乗っていて、とうとう日が暮れた。

「カントーに行くんだろ、バイクならすぐに渡れるよ。フェリー代はいらないから、乗らないか」

やっと川が見えた頃だったろうか、バスの窓を叩く煤けた人たちがいる。どうやらセオムの運ちゃんたちだ。彼らは対岸のカントーに行く客を、川を渡る前から物色していた。車窓の外には、そんなセオムの客引きたちがたくさん車列の間で待ち構えている。なかでもいっそう煤けた男と目が合った。フェリー待ちの〝町〟のシステムにうすうす感づいていた私は、その煤けたセオムを目指してバスを降りた。

彼の名はサン。こうして初めてハウザン川のフェリーに乗って、初めてカントーを訪れて、初めてそのセオムの男サンに会ってから、何年ぐらい経ったか。そして何回、同じことを繰り返したことだろう。サンは示し合わせたように、あれからいつもメコンの川のたもとで待っていた。

しかし、橋が架かってすべてが変わった。

ビンロン側の渡し船の〝町〟は、かすかな面影を残して消えていた。飲食店は少しあったが、結局メインロードからはだいぶはずれてしまい、たくさんの人間が行き交った往時の賑わいなど毛頭ない。渋滞がなくなった代わりに、サンたちセオムの運ちゃんも去った。渡し船一〇〇年の歴史がつくった風景など、橋一本できれいさっぱりなくなる。

橋の完成から訪れるのは初めてだった。今回はサイゴンからではなく、フーコック島からメコンデルタを北上して来ていたが、驚くことにサンはなぜだかバスを降りたらいた。都合のいいことに、私が到着したカントー市内のバス発着所を、サンは新しい仕事場へと変えていたのである。

「ディー・カイルン(カイルンに行くぞ)」

サンの道案内はどうしても必要だった。なにしろ橋脚の根元の、崩落事故現場の、カイルンと飯場の男たちと会った村へ再び行こうとしていたから。互いにビックリし合うのもそこそこに、目的地に向かう算段を早速、始めた。

＊

「さて、どこだ?」

カントー橋からビンロンに続く新しい道路を進むと、大きな工場や高層住宅がどんどん建てられていた。橋桁が崩れた村へ向かうのには、かつて道しるべになった〝町〟の建物や道はもう当てにはならないようだ。ひたすら遠方にそびえる橋脚をランドマークに、サンはバイクを走らせた。

雑草に囲まれた砂利道の先で、頭上を覆う橋桁が大きな日陰をつくっていた。その下、橋脚を背に、老人が座って休んでいる。太いコンクリートの柱には「Xa My Hoa(ミーホア村)」と書かれ、ほかにもいくつかの人の名前のような落書きがあった。

「橋の工事で働いていた人が書いていったらしい」

座る老人に聞いて、サンが伝えてくれる。人名が落書きされた橋脚の根元には花が供えられ、長い線香が立てられていた。それはだれかの手で厳かに整頓された仏壇で、ただの工事現場の記念物ではない。あの崩落事故を弔う場所だと、すぐに感づかせる。

「名前は死んだ人だそうだ。近くの村の人なんだって」

目的地に到着したことが分かり、サンは安堵したようにヘルメットをはずして汗を拭う。

橋脚の慰霊碑から村の奥に進むと、建設中の寺があった。巨大な白い仏像が境内に完成していて、大仏は寺を見下ろすように立ち、その大仏と寺を巨大なカントー橋が背後から見下ろしている。寺では眼鏡を掛けた法衣姿の若い僧がひとりで留守番をしていた。

「まだまだ建設中なのですが、橋の事故でたくさんの人が亡くなったので、そのための寺です」

と自慢げに説明し、コンクリート打ちっ放しの仏殿やら、「菩提寺」と漢字で書かれた門やら、死亡者の名を刻んでいる途中の御影石のちゃんとした慰霊碑を案内してくれた。

寺から道を隔ててすぐのところに、見たような東屋があった。家の軒先の青く塗った壁、細く曲がった木の柱、そこに吊ったハンモックも見覚えがある。間違いないだろう、いつぞやの宴会をしていた「飯場」である。ということは、寺を建てている場所はカイルンの芝居小屋があった野っ原ということか。寺の裏側の、ちょうど上空が橋で覆われているあたりは、埋め立てて整地されているけど、かつてカイルン一座が船で漕ぎ進んだ川なのか。

男三〜四人が「飯場」にいたので、聞いてみた。

「この村には橋の工事現場があって、仕事している人がたくさん住んでましたよね？」

「そうだよ、オレもいました」

若い男が答えた。

「あれからずっとここに住んでましてねー、いまは寺の建設の仕事をしています。この村は賠償金が出てるし、金もたくさんあるから、いい寺ができるんですよ」

工事の内容が変わっても、飯場は相変わらず労働者が使う飯場のままだった。

「金だけもらって村を出て行った人も多いがね。その代わりに、あんたらみたいな賠償金目当ての人たちがいっぱい来て、昔とはぜんぜん違う村になっちまった」

やり取りを聞いていた村人らしき男が、横からいきなり割り込んできた。得意げに語っている飯場労働者たちを見ながら、村人は顔をしかめ、罵る。崩落事故後、被害者には国から一人数億ドン（数百万円）の賠償金が支払われたと、村人は話した。

村にはさまざまな人が出入りしたという。よそ者労働者が来て、彼らが事故で死んで、死んだ者へ出る金を知らない人間たちがもらいにやって来た。事故で夫を失った女、未亡人に出る賠償金目当てに言い寄る男、金をもらったら寝たきり夫を捨てて家を出た嫁もいた。急に働かなくなったり、金を浪費したり、借金して夜逃げしたり。巨額の賠償金を手にしたことで離散した家族の話は、いくらでも見付けられるその後の村の物語だった。

「その後カイルンは来ましたか」

「もう来ないよ。こんなところには」

完成した橋の下ではメコン川の水がおびただしく流れ、橋桁の下になった村にもおびただしい人間模様が流れた。きっと飯場では毎日いろんな登場人物がいて、それを物語るカイルンのような〝舞台〟の幕が、幾度も上がり下がりしていたのだろう。

3 対岸にあった物語

橋を渡ってカントーの町に戻ると、葬式が待っていた。

訃報は熱帯の日差しが目を覚ました時刻にもたらされた。路上は散水車が土ぼこりといっしょに前夜のよどみを流したばかりで、そろそろ今日を始めましょうかという新鮮な空気に満ちている。しかも、私はサイゴンに行こうとしていた当日であって、とりあえず早い朝飯でもと外で汁麺フーティユを食っていた。どこか急いて、なにやら、やる気だった。

悲しみが沸き上がってこなかったのは、そんな生き生きした朝だからだけではない。いきなり聞かされて、しばらくはだれのことか分からなかったからだ。サンがその訃報と、ある用件を知らせてくれたのだが、最初「ソンさん」と言われている人物が頭の引き出しのどこにも見つからなかった。

「川のすぐ横に家があって、訪ねると最初に酔っ払ってたソンさんだよ。ホンダを持ってないから、どこに行くのも舟に乗って、いつもあの川からやって来たソンさんだよ」

前に座って同じ麺料理を食べ始めたサンの背中の、そのずっと向こう遠くに蛇行するメコン川があった。朝日が反射してキラキラ輝く川面を見ているうちに、彼のことを思い出した。ああ、そうだ、川だ。「ソン」さんは「川」だ。

ベトナム語で「川」を意味する名前の男は、メコン川の渡し守をして暮らしていた。

メコンデルタには川や運河が無数にある。ハウザン川のように大きすぎて橋が架けられない大河もあれば、幅が狭くても橋が架かっていない川もたくさんあって、ようはどこもあまり橋が架けられてはいない。そうして川で寸断されたまま陸の道は、渡し舟がつなぐことになる。

水運は交通路や物流網として陸上の道より重要だったりするから、川を往来する船の邪魔をしないためには、それなりに高さがある橋を架ける必要が生じる。渡る人がたまにしか来ない小さな川なら、人が集まるたびに渡し舟を運航させれば事足りるし、立派な橋を造るよりよっぽど間尺に合うのだろう。

ソンさんは橋のない川で、対岸を往復する舟を操っていた。車やバイクごと乗せられる大型フェリーと違って、彼は木造の小さなサンパン舟で人間だけを運んでいた。たまにアオザイの学生なんかを自転車ごと乗せていたけど、バイクまでは乗せない。車なんかありえない。決まった対岸同士を往復するのが常で、客の要望しだいでは別の舟着き場も巡回する。チャーターされて「水上タクシー」のようになったり、観光客を乗せて「水上マーケット」なんかにも行っていた。

彼はいつも舟に乗って現れ、一日のほとんどを川の上でゆられていた。若い頃は川で漁をしていたとも言う。まさに舟の上に生涯を浮かべ、川を住み処にした男。そんな男の名前が「川」なのだ。ベトナム人の男性には、同じように聞こえる「山(= Son)」とか、同じような意味合いの「河(= Ha)」という名はよく見かけるけど、

「おれの名前は川だ」

と本人がきっぱり言うものだから、私の中では「川さん」と呼んで、頭の引き出しにその名でしまわれていたのだった。

サンは、遠い親戚でもあるソンさんが亡くなったことを伝えにやって来た。そして、私にその葬式に来るようにと言った。

この滞在中、カントーでは人が亡くなった話をよく聞いた。

「ユンさんが〝ジダ〟で死んだんだよ」

ソンさんよりも数日前、サンや他の知り合いたちが話してくれたのがユンさんの死だった。

ベトナムでは「ＡＩＤＳ（エイズ）＝後天性免疫不全症候群」のことを、なぜだか「ＳＩＤＡ（シダ）」とフランス語で呼ぶ。コンドームが描かれた大きな啓発看板が街角に掲げられているので、小さな子どもでも「シダ」の名前は知っている。かといって、特段この国にシダ患者が多いとか、流行しているといった話は聞いたことはない。やはり身近であまり見かけない、珍しい病気なので、死んだこともさることながら、ユンさんについてはその死因が知らせるべき特異な情報だったようだ。

ユンさんは出版関係の仕事をしていた。読書家で、勉強家で、仲間内でも知識人との評価で、なにより私にカイルンについて詳しく教えてくれた人だ。彼からは移動する旅芸人スタイルの存在、成り立ち、演目など、メコンデルタで活動するカイルンについていろいろご教授いただいていた。威張りもせず、まじめで人格者然とした彼の死因が「シダ」というのは、この病気の知識に乏しく偏見たっぷりの人びとにとっては意外で、下世話な噂話の格好のネタだった。亡くなった人の話は続く。こちらも口振りに深刻さはなく、向けられているのは好奇なまなざしだ。

「ランもなんだよ」

「なに、ランも亡くなったの？」

「いやいや彼女じゃなくて、ダンナが死んだんだ。それで再婚したんだけど、これがまたすぐに死んだ。再婚相手はトラック運転手。交通事故だった」

ランはモデルだった。いや、どこかのカフェで仕事していたところを、だれかが連れてきて私のカメラの前に立たせた。気だてがよくて、写真撮影のわがままにも愛想よく応えてくれた。アオザイを着させて、ノンを被せて、舟にも乗せて、その姿はひそかに日本の雑誌のグラビアに何度か登場している。思い浮かぶのは笑顔しかない。彼女が立て続けに未亡人の境遇となって、いまは一人でいたく悲しんでいると聞かされた。

笑った顔しか思い浮かばないのはソンさんも同じである。毎度ソンさんとは酒を飲んだ。彼は自分の家の庭で焼酎を造って販売もしていて、文字どおり売るほどある。それを満面の笑顔で持ってくる。飲み方はいつも「モッチャム・フンチャム」。訳せば「一〇〇分の一〇〇」で、器に注いだ酒を〝一〇〇％〟干す一気飲みだ。宴席の参加者全員でやったり、主客が順繰りにまわし飲みしたりして、当然したたかに酔う飲み方である。

「モッチャム・フンチャム」は酒の飲み方であると同時に、いつからかソンさんたちとの付き合い方の基本になっていった。文字どおり一〇〇％、全力ですべてをさらけ出さなければ、メコンデルタの人たちの勢いにはとてもじゃないが太刀打ちはできない。

一度、ソンさんを訪ねたら、彼が長い旅に出ていて家に居ないことがあった。

「宝くじが当たってねえ、どっかにバカンスですわ」

残された家人が話してくれたが、数日後にはすっかり金を使い果たして帰ってきて、なにごともないようにまた「モッチャム・フンチャム」だった。私の脳裏にはそうした「川さん」とのムチャクチャに飲んで、クタクタに疲れた日々しか浮かんでこない。

そんなソンさんが死んだ。ユンさんも死んだ。ランは死んでないけど、死にまつわる悲報を聞かされた。ただ、いろんな死を身近に差し出されても、どうにも神妙で慎ましやかな気持ちにならなかった。訃報とは裏腹に、彼らを思い出して浮かぶのは圧倒的に「生」だ。悲しみではなく、楽しそうに生きていた彼らの姿とその熱量で、ますます自分が満たされる気がした。

＊

葬式の場は悲しみの声が響き渡っていた。

「チョーイ・オーイ、チョーイ・オーイ」

開け放たれた部屋の奥にソンさんの棺があったので、参列者に促され、その泣き声の間をすり抜け、長い線香を手向けた。白装束だったり、白い鉢巻きだったり、白い頬っ被りだったり、白を身につけた女性たちが床に突っ伏し、棺にすがりつき、私たちを前にいちだんハイトーンになって一斉に慟哭した。

男たちは皆、白い鉢巻きをしていて、棺がある部屋の内側ではなく、食べものが並ぶ外のテーブル前に勢ぞろいしていた。彼らは酒がだいぶ入っているらしく、あたりに遠慮することなく大きな声で話をしている。

「金が足りないんじゃないのか。もっと泣き女を呼んで、人数を増やしたほうがいい」

「おじさん、いいんだ。明日もっと大勢で来るそうだから、これで充分なんだよ」

メコンデルタの田舎町では、葬式に「泣き女」は欠かせない。彼女たちは故人とは縁もゆかりもないけど葬儀に参列し、悲しげに〝うそ泣き〟するのが仕事。供養のために遺族が雇うものだから、金をかければ盛大に大人数で泣いてもらうこともできるし、泣き具合も報酬の額に応じて自在に変えられるそうだ。

サンをはじめとした親族たちが相談しているのを聞いて、あらためて女たちの顔を見れば、だれも涙なんか流してはいなかった。だいたいが同じように叫んでいるだけだ。唯一、泣き女に抱きかかえられた幼女が目から大粒の涙をほとばらせていた。こちらも悲しんでいるのではない。ただ腹を空かせ、生きるために彼女は棺の前で力の限り泣き叫んでいた。

庭先にバイクに乗った、高校生ぐらいだろうか、二人の女の子が入ってきた。彼女らは声を出して泣きながらズカズカ葬式の部屋に入って、さらに高らかに泣き声をあげた。

男たちの数人はこの女の子のことを見知っていた様子で、なぜか慌てて彼女たちを部屋の中に追いかけた。しばらくすると揉めるような声。泣き女たちの声が止み、ひとりだけ騒々しくしゃべり続ける女の声が聞こえる。

「ソンさんは私の母の知り合いだと言って、いつもお金を取らずに舟に乗せてくれました。最近は橋が出来て、渡し場にいなくなっていたので、どうされているのかと聞いたら……」

二人は姉妹で、どこからかソンさんの訃報を聞いてやって来たと言う。赤の他人らしいのだ

ソンさんを送る葬列

が、ソンさんの家族の女たちが「外腹の子じゃないか」といぶかしんだ。揉めていたのは、ソンさんと女の子たちの関わりをたくさんの男が出しゃばって説明して、かえってややこしくなっていたからだった。

「橋の事故でお父さんが死んで、そのすぐ後に、とても返せないようなお金を置いていってくれました。『わたしは金持ちだから』と言ってたものですから……、いいえ、なんでもありません……どうしていいのか……、あの、ありがとうございます……」

遺族は唖然としていた。ソンさんは、金持ちではない。大金など持っているわけがない。考えられるのは、宝くじで当たった金しかなかった。大金を得たのに、いきなりすっからかんになって家に帰ってきた理由はなんとなく判明したけれど、なぜソンさんがこの家族を援助したかは皆、首をひねった。しかし、いまさら分かるはずはなく、大いなる秘密を残したまま彼は逝ってしまったことになる。

「金、返せ」

とある遺族は憤ったが、二人の女の子に直接言い返す者はなかった。彼女たちは川の向こうに住んでいて、橋が出来る前はソンさんの舟でしか対岸の町に来ることはなかったという。今日はバイクに乗って橋を渡って来た。「自分は金持ちだ」というソンさんがついた嘘は、もはやこの家を見てきっとバレているに違いない。カントー橋が出来なきゃ、おそらくはずっとバレなかった嘘かもしれない。

葬式の夜は宴会になった。しかもカラオケ大会。だれがその機器を持っていたかは知らないが、深夜まで大音量のやかましい歌声が響いた。

翌日は早くから出棺である。ここでも派手でやかましい音色の楽団が連れてこられ、担いだ棺を賑やかに先導していた。予定どおり泣き女の人数も増えていた。報酬を弾んだのか慟哭はいっそう熱演され、その芝居仕立ての泣き女に、前日から文句がある「おじさん」はまだしつこくあーだこーだ言っている。

横では歩きながら偽の紙幣を撒く。棺にも偽金を突っ込む。川の渡し守の男は、三途の川の渡し賃をしこたまもらって彼岸に送り出されていく。その「死」の葬列はとてつもなく騒々しくて、そして、やっぱりとてつもなく「生」が満ちていた。

激しい音の中に人びとが蠢いて、不謹慎だがなんだかカイルンの芝居を観ているような気がした。メコンデルタではどこでもいつもそうだった。橋桁の下でも、工事現場の飯場でも、葬式でも、至るところでカイルンのような生々しい人間の〝舞台〟がある。あっちでもこっちでも幕が上がり、幕が下りる。

葬列を見送ってからカントーの町を後にした。死人たちの上に架けられた橋を渡って。

第7章 ドリフターズ

●漂泊者たち●

1 瀕死の劇団

一座は激震に見舞われていた。

「ユンリン逮捕。刑務所に服役」

劇団の看板が掛け変わっていた理由はこれだった。だれが消えてもこの芸人集団はおかまいなしなのだが、「ユンリン一座」の「ユンリン」がいなくなるとさすがに話が違ってくる。おそらくは慌てて付けたのだろう、変更した名前は、

「ドアン・カイルン・ドンナイ(ドンナイ省のカイルン劇団)」

いたく間に合わせ感が漂っていた。

聞けば、ユンリンの罪状は淫行。一四か一五の年齢の少女に手を出して、お縄になっちまったらしい。公演先のどこぞの村でのことで、怒った娘の父親に訴えられ、すぐさま連行されたそうだ。まったくトホホな事件なのだが、与える影響はトホホでは済まない。座長で絶対的な主役がいなくなったことで、いきなり劇団自体が〝存亡の危機〟に陥った。

一座は急遽、サイゴンに住んでいたユンリン夫人を臨時座長として招聘していた。ひと昔前までこの一座の看板女優だったという彼女なら、とりあえず諸々の事情も分かっているだろう

し、かろうじて当座の切り盛りも任せられる。しかしまあ、夫の非常事態の尻拭いは仕方ないとしても、それが淫行での逮捕となると夫人の心中はいかほどか、察するに余りある。

「ユンリンはいまどこに？」

「さてねぇ、分かんないねぇ」

憂鬱な顔のまま頭をかき、臨時の女座長は怒るでもなく悲しむでもなく、これ以上その人名を出してくれるなといった感じで弱々しく話す。ユンリンについての話題には、一座の人たち同士、極力触れようとしない。とっくに彼の存在は忘れてしまって、まるで事件などなかったかのようだ。それはそれで前向きな姿勢と理解できるが、劇団の様子そのものがガラッと変わってしまっていてどうにも勝手が違う。

雰囲気が変わった理由は一座のメンバー構成の変化にもあるだろう。まずは常に主役を張っていたユンリンの穴を埋めなければならないので、代役を呼んでいた。「ブンミン」というなんとなく似た名前の、サイゴンの劇団にいた実力派俳優だ。彼は雇われた客員役者でありながら、連れて来た役者も一人二人いるし、雑用の付き人もいるし、なんとなく楽屋の真ん中あたりを陣取る。

女優陣はほぼ一新されていた。レハンの姿はなく、一座全体を見回しても知った顔のほうが少ない。かろうじて〝火の輪回し〟のチンがいて、〝ドラマー〟のヤオがいて、〝コメディアン〟のトンが残っていたけれど、かつてのユンリン劇団としての面影はかなり薄まっている。

〝ギタリスト〟のチャンが楽屋で化粧をしていた。

「オレも舞台に出てるのよ」

彼はミュージシャンを兼務しながら役者になって舞台に立ち、前座のコントコーナーでの軽い芝居を担当させられていた。いつも黙々と演奏するだけのやや禿げぎみの男が、どういう訳だか舞台で照明を浴びて、どうしてどうして、そこそこ笑いを取っているのである。とにかく子ども受けがいい。隠されていたコメディー俳優の才能が開花したともっぱらの評判で、本人もまんざらではない様子だ。

そうした、ちょっとした副産物はありつつも、やはり役者たちの配置はどれもこれも座りの悪さや、落ち着きのなさがにじむ。いかにも急場しのぎ。明らかに苦しい台所事情を反映したものであって、決して好むべき状況じゃないのは確かだった。

＊

瀕死の劇団に、さらに追い討ちをかける出来事は続く。この二〇一〇年は予想外の長雨に襲われていたのである。

旅のカイルン興行は基本的に屋外だ。舞台に屋根もなく、観客も地べたに直接座る形態なので、雨が降ると観劇には適さない。メコンデルタではたとえ公民館や集会場であっても壁がない吹きっ晒しが多いので、強い風雨に見舞われればひとたまりもなかった。ユンリンを失ったと同時に一座は雨に、しかもひたすら長い長い雨の日々によって、連日の公演中止。仕事がで

旅の役者ブンミンが村を去る

雨が上がりの公演。深夜、すべての観客が帰った

きないという、もういかんともしがたい状況に追い込まれていた。

一座の活動は、一年のうちでも雨の少ない乾季が中心である。もちろんその時だって雨季は終わり、とっくに乾季に入っていたはずだった。なのに、なぜだか日本の梅雨のような雨が続いていた。熱帯気候帯のメコンデルタでは、たとえ雨季であっても短時間のスコールがほとんどで、こんなに一日じゅう雨なんてことは珍しい。シトシトと雨が降り止まぬ空。座員たちは毎日毎日、恨めしく空を見上げてはため息をつく。

「今日も駄目だね。今年はどうしたんだろうねえ」

いつもならユンリンが声をかけて、公演支度が始まろうかという夕刻である。しかし、悲しいかな号令を出す大黒柱の姿はなく、芝居小屋の前には大きな水たまりだけができていた。客の影もなく、集まる気配すらない。一座の面々は雨水が侵入する道端の茶屋に座ったまま、だれひとり腰を上げようとしなかった。

「知らないのかい、今年はエルニーニョってやつなんだよ」

「知ってる、知ってる、エルニーニョ。大変だよ、このあいだも牛が奇形の三つ子を生んだって話を聞いたわ」

「やっぱエルニーニョかぁ……」

諦め気分に包まれた茶屋では、もはやどうでもいい会話が続くだけだ。

彼らの言っていることは、半分は当たっている。その年の天候不順は、太平洋の海水温が高くなるエルニーニョ現象が影響しているのは間違いなかった。しかし、牛の奇形は関係ないだろう。旅芸人たちは雨に祟られている自分らの境遇を、〝謎のエルニーニョ〟で無理矢理に納得させている模様だ。

ちなみに、茶屋の椅子の上には『コンアン』だか、『トイチェー』だか、スポーツ紙の『ボンダー』だか、何日前のか分からない変色した新聞が置かれていた。こんな田舎でも、ベトナムの老若男女は新聞や雑誌なんかを手に取って読む。テレビも普及しているので、「エルニーニョ」もきっとそうしたところから仕入れた知識だろう。見知った目新しい世事やニュース用語を、彼らはとかく日常会話に織り込みたがる。とくに自然科学の分野、気象関係は、ベトナム大衆の興味をそそるらしい。

ただ残念なことに、だいたいの大衆はちゃんと正しい知識を最後まで得ようとしない。「エルニーニョ」はベトナム語でもそのままで、大衆に広く知られた言葉。大衆演劇の人たちだって日常的に使っていたが、いったいそのエルニーニョがなにをもたらし、どんなことが起こるのか、会話する大衆各人は正直なところほぼ分かっちゃいない。

そして、「知らない」「分からない」が言えない国民的気質なものだから、だれもが「知ったかぶり」になる。分からない部分は勝手に自説を混ぜ込んで補完し、もはやエルニーニョは人によってさまざまな〝学説〟が唱えられていた。なるほど、嘘とかフェイクというのはこうして真実に混ぜ込まれて、世に知られた「ベトナムの噂社会」が形づくられるのか。

さて、原因がエルニーニョでも、そうでなくても、降雨は旅の一座の公演中止を意味した。すなわち彼らの唯一の収入源が消え、活動資金が途絶えることになる。旅のカイルン劇団を殺すのに刃物はいらない。雨が三日も降れば大打撃なのである。ましてや自転車操業を強いられていた当時のこの一座にとって、たった一日の公演中止が翌日のメシ代にも響くありさまだった。

「ブンミンさんはそう悪い役者じゃないんだけど、ユンリンほどは客が呼べないのよ。ずっと雨でお客も減って、みんなに金も払えなくなって、しかたなく高いギャラのレハンたちから辞めてもらわなければならなかったの」

人気のいない場所に呼び出され、こっそり実情をチンが教えてくれた。でも、これはあくまで前置き。本題が続く。

「なんとかユンリンが戻るまで、そう本当はみんな思ってたけれど、正直きついわねえ。ということで、いままでの食事分として金を少し払っておくれ」

そう真顔で言われ、とにかくとりあえずポケットから出したドン紙幣だったが、おそらく二〜三日のメシ代にしかならないだろうと思った。焼け石に水、である。

以前より役者がそろっていない分、できる演目はおのずと減っていた。そうなれば同じ演目を繰り返さなければならず、一回観た客は再びは来ない。同じ場所で続けても客足は延びない。じゃあと公演場所を頻繁に変えれば経費はかさむし、収支はますます逼迫する。まさに悪循環。貧すれば鈍する。必死に劇団運営をやり繰りしていたユンリン夫人の顔には、日に日に悲壮観が増していた。たった一台あった劇団所有のホンダもとうに売り払っている。どう見てもいっぱいいっぱい感は否めない。それでも、

「次の場所はきっと客が入るから。天気も良くなるから」

という淡い期待を支えに、元ユンリン一座は難民船のようになって、かろうじて次の旅に向かうのであった。

2 酒場のステージ

サイゴンの街でレハンを訪ねてみた。

知らされていた彼女の実家に連絡を取ってみると、本人がいた。彼女の家はごちゃごちゃした下町の、くねった路地の先に並ぶ長屋の一軒だった。二階建ての上階からまず母親らしき人が出てきて、続いて妹らしき人が出てきて、小さな子どもも何人か出てきて、ようやくその後ろからレハンが出てきた。ついでに例の兄貴もいっしょに登場して、挨拶もそこそこに、

「こいつと結婚しにきたか。どうだ、さあ、どうだ、どうだ」

と相も変わらず不可思議に喧しい。だけど、懐かしくて耳にうれしい響きだった。

彼の横で片膝ついてレハンは座っていた。彼女にユンリンの事件のこと、名前が変わった劇団をメコンデルタに訪ねたこと、その劇団もいっぱいいっぱいなことを話す。レハンが劇団を離れた理由もチンから聞いたと伝えた。しかし、そんな遠い場所のカイルン一座の話題より、とりあえず彼女は目の前にいる自分の家族の紹介と、その家族に私の素性を説明するのに懸命だった。

「レハンはいま、なにをしているの？」

もっとも気になることを、ようやく尋ねてみた。モゾモゾして目をそらして、レハンはなかなか答えない。

「いまはね、街の酒場で歌ってるんだよ。毎日じゃないけどな」

代わりに兄貴が答えた。

＊

その日の夜、レハンは酒場で白いアオザイを着て歌っていた。ドアのない閑散とした店。たまに入る酔客のリクエストに応えて、店の片隅にある低いステージで歌っていた。

ステージ前の客がいるテーブルには若い女が一人二人座っていて、それぞれが男客に高いビールを飲ませている。「ビアオム」ではないけれど、いかがわしさは満点だ。レハン以外にも歌手と称する女性は何人かいるようだったが、彼女たちがステージで歌うことはあまりなかった。席に座っている若い女たちのほとんどは、テーブルを回ってホステスのように男客の相手をするだけの、歌を歌わない歌手たちであった。

数曲を歌ってステージを下りたレハンも、リクエストをしてくれた男の席を訪れ、飲めない酒をいっしょに飲んでいた。彼女の手には一輪挿しの花。男が買ってステージで歌っていたレハンに差し出したものである。一本が数万ドンする。花の代金は店が何割か天引きし、残りが歌手への「ご祝儀」となる。たった二〜三本の祝儀を払った男はレハンを隣に座らせ、いたくご満悦だった。

「カイルンとはぜんぜん違うでしょ」

酔客の席とステージとを行き来する合間、私のところに顔を出してはレハンがしきりに繰り返した。

レハンは酒場のステージに立つと堂々と歌い上げ、素人に毛の生えたような他の歌い手とはまったく異質の存在だった。でも、彼女の言うとおり、メコンデルタで見た旅芸人の舞台とはあまりにかけ離れた風景。今夜の姿は、あのカイルン舞台で出会った巧みで、大きなスケールで、それこそ夜空に飛び出しそうな躍動感はない。深く圧倒される情念の女も存在しない。酒場の片隅に置かれたステージほどの小ささで、ひたすらこぢんまりと、一人の女が歌っているだけだった。

旅芸人の" カーシー(歌手)" レハン。野天の楽屋で化粧台に向かう

森に降る雨よ
あなたはだれを想い、降り続いているの
この世を悲しんで降っているの
人の心を悲しんで降っているの
結んだ縁なんて永遠には続かないのね

雨はどこから来て、どこに行くの
たくさんの葉を落とし、花を散らし
冷たい風と雨の音が窓から入り込む
黄色い葉が枝から離れ落ちるとき
あなたへの未練がまた沸いてきます

ああ、遠い夢を見ているよう
幾千もの孤独な夜に、心はどうすればいいの
雨はだれを愛するの、雨はだれを想っているの
雨は嗚咽するように私の心に降り続く

森に降る雨よ
どこを探せば昔のあの人の姿があるの
森に雨が降って
夕日がだんだん沈んでいく
忘れ得ぬあの人を想いながら

カイルン歌謡『森の雨』(筆者訳)

一〇時を過ぎた頃、背中から声が聞こえたので振り返ると、客を見送ったばかりのレハンが立っていて、そのままこちらに歩いてきた。くたびれた顔が、息を吐き出す。

「終わったの？」

氷入りのハス茶を飲み終えるのを待って聞くと、ワザとよろよろとした仕草でおどけて、「ウウン」と首を降った。

「ねえ、また行くの？　カイルン、見に行くんでしょ」

「……」

「ユンリンの劇団にはどこで会ったの、わたし、カントーの前まではいっしょだったのよ」

「……」

「いまどこの町なのかなぁ」

いくつもの旅の劇団を渡り歩き、旅の空で歌い続けていたレハンだった。私はそんな彼女しか知らない。その夜、酒場で見たレハンの姿は、出会ったことのないまったく別の歌手だった。きっとそんなこと彼女自身がいちばんに気付いていることだ。だからこそ、今宵のステージを見てなにか言いたげな私の口を先に押さえ込み、矢継ぎ早にカイルンの話ばかり持ち出していたに違いなかった。

「小さい頃から歌手になりたかったの。家が貧乏だったから、すぐにお金になる旅まわりのカイルン劇団に入ったけど、歌はだれにも負けなかったわ」

レハンはさっきまで自分が歌っていた流行歌や、巷で売れているCD歌手を引き合いに出して、世が世ならこうした有名で人気の歌手ぐらいに自分はなれたのだと語った。

「でもね、やっぱり私はカイルンの仕事が好きなのかな。いろんなところに行って、いろんな人に歌を聞いてもらうのがいいのよ」

しばらく話すと彼女はまたステージに戻って歌っていた。マイクをわしづかみにし、酔客の遥か彼方を見つめ声をあげている。酒場のいちばん後ろに座ってそんな彼女を見ていると、汗で流れたアイシャドウが薄暗い灯りに照らされ、それでも表情の一瞬がかすかにあの生命力に満ちた旅芸人のように輝いて見え、胸をつかれた。

「自分の居場所はここじゃない」

そう彼女が訴えているように思えてならなかった。

3　旅芸人たちの居場所

「こうテレビが増えちゃあ、この先カイルンの仕事も楽じゃないですね」

「いやいや、どうして。いやいや」

同情するように言うと、男がにわかに言った。瀕死のユンリン一座を支えている、あの助っ人俳優ブンミンである。

「まだまだ捨てたもんじゃないですよ。いまだって毎晩、村じゅうからたくさんの見物人が訪れるじゃないですか」

芸人としての力量はユンリンほどないが、誠実で人柄が良さそうなブンミンがゆっくりと語り始めた。間借りしている民家の一室。木のベッドに腰掛けて話していると、近所の人が私のインタビューなどお構いなしに差し入れを持ってきたりする。丸ごと茹でた小振りのトウモロコシをバナナのように皮をむいて食べる。差し出されるままにブンミンと付き人たちが頬張り、村人たちと味の良し悪しについて言葉を交わし、ほんの二日前に初めて訪れた村のはずなのに家族みたいにみんなで談笑している。和気あいあいするブンミンは、ときどき濡れた手を寝床のムシロにこすりこすり、

「私が望んでいるのは、こうして『トゥーヨー(自由)』に生きることなのです」

とインタビューされているのを思い出して答える。そして、

「こうして『トゥーヨー』にいろんな土地に行けて、『トゥーヨー』にいろんな人と出会うことが、私には大事なのです」とか、

「役者や歌手はたくさんいますが、『トゥーヨー』で気ままなこのカイルンの仕事は、私の性に合っているんですよ」とか、
やたらと「トゥーヨー」を連発して話し続けた。しかし、実のところ「トゥーヨー」と話すときのブンミンは、言葉では偉そうに立派なことを言っておきながら、ときどきしょんぼりした顔つきになった。カイルンの暮らしを語れば語るほど、彼の表情にはどうしようもなく哀愁がしみ出した。

「このご時世、『トゥーヨー』は貧乏ですがね」

ブンミンはそう付け加え、自分に言い聞かせるように頷く。

ある劇場でカイルン劇団の幹部から言われたことがある。

「ベトナムの南部には、各省に一つずつカイルン劇団があったんじゃないかな」

彼によれば、一九七五年のベトナム戦争終結後、共産党による「国民への福利厚生」という目的で、旅回りのカイルンは組織・運営されたそうだ。ことさら農村部への派遣は積極的に行

われ、いわば国策に近いものだった。当時のベトナムの田舎では、年に数度やって来るカイルンこそがもっとも大きな娯楽になったという。いちばん盛んなのはメコンデルタ。カンボジア系住人が多く住むソクチャン省では、クメール語を使うカイルン劇団さえあったほどだ。大都市のサイゴンやカントーなら劇団は大小複数あり、南部全体でのカイルン劇団の数は二〇～三〇に及ぶだろうと、その劇団幹部は教えてくれた。

ただし、これはちゃんと数えた統計ではなく、しかも彼のひと昔前の記憶からの推測だ。建前上、カイルン劇団は国家の機関である文化局の所属になっている。だから、文化局の役所に行って詳しい現状を尋ねたこともあったが、各カイルンの活動状況や消息などについて担当役人は「知らない」とそっけない。こと旅まわりの一座になると、実態はまったくといっていいほど把握されてはおらず、事実、不祥事で名前が変わったユンリン劇団を探した際も、各地の役所ではなんの情報も得られはしなかった。

「なんで文化局に行ったんですか。役人に聞いたってカイルンの居場所は知りませんよ」

ブンミンが不思議そうに言う。

「いつも活動している旅の劇団は、昔ほどは見なくなったからね。どこにどれだけあるかなんて、いまさらだれも興味ないでしょう」

一九八〇年代の末からベトナムは「ドイモイ（刷新）」の時代になった。国民はこぞって豊かさに邁進し、急速に娯楽が増え、なにより家庭にはテレビが普及していく。いつしかカイルンは娯楽の王様の座をそのテレビに取って代わられ、往年の人気などなくなっていた。経済発展が進むにつれて国は古い価値に背を向け、人は新しい娯楽に目を輝かせた。国からカイルン劇団への援助はどんどん削られ、活動している劇団の数は一気に激減。大都市の劇団ならともかく、旅に暮らすカイルンは衰退の一途をたどっている。

強がる言葉とは裏腹に、ブンミンの顔には書いてあった。

「旅のカイルン一座で好きに生きるのは、本当はえらく大変なのだよ」

「トゥーヨーは決して楽ではないのだよ」

それはなにも瀕死の劇団にいるからなのではない。彼がカイルンの旅暮らしに身を置いて、かれこれずっと変わらないことだった。

＊

半年先か、一年先か、いつになるか分からないユンリンの出所。はたして、それまで劇団が耐えられるのか。正直なところ、だれもが不安でいっぱいだった。

座長代理のユンリン夫人は、ひそかにこう明かしていた。

「次に客が入らないと駄目かもね。あと三日、それで休止かしら」

近くにいたヤオもチンも、甘酸っぱそうな、寂しそうな顔付きをしていた。

「また、どこかで会えるかなぁ……」

そんなふうに話すと、ヤオは難しい顔をしばらくして、なにかの住所が書かれた紙をそっと差し出してきた。

「ここは故郷で親兄弟がいる。たぶんオレはいないけど、仕事をしているカイルンの場所なら分かると思う。〝そこ〟がどこだか聞いてくれ」

文字が書けないチンは、ヤオに書いてもらっていた。

「ユンリン一座が休止したら、ここに書いてある実家に戻って、すぐに知り合いの劇団に行くわ。きっと旅のカイルンにいるから、会いたかったら〝そこ〟に来てちょうだい」

ヤオの故郷はサイゴン郊外のクチという町だった。チンの実家はメコンデルタの南端ミンハイである。だれもが遠く離れた場所に故郷があった。そして、ヤオも、チンも、ブンミンも、だれもが自分の居場所はその紙に書いた故郷ではなく、旅の中の〝そこ〟にあるだろうと話した。

活動がしだいに追いやられる旅のカイルン一座にあって、多くは転々と働き場所を変える暮らしを捨てた。ある役者は、まったく別の商売で成功した元役者を頼って芝居の世界を去った。あるミュージシャンは、楽器をかたわらに置いて雇われの定職についた。現在でも旅芸人を続けているのは、悲しいかな時代の大きな流れの傍流にいる人たちである。刷新(ドイモイ)される新しい時代の流れに乗り切れず、さりとて外に漕ぎ出すこともせず、まるでよどみに漂う浮き草のように行き場なく旅芸人に身を浸している。

しかし、彼らは浮き草のようだけど、決して根無し草なんかではないと思った。変わってい
く暮らしの中でも、自分がどこにいるのか在処を知っている。自分が存在したい場所、そんな
ものを常に持っているような気がする。自分の居場所が分からないのではない。あてなくさ迷
い暮らしているのとも違う。ましてや「自分探し」なんかしていない。浮き草のように漂いな
がら、でも見えない水面下にしっかりと根を広げて、〝そこ〟に立っているのである。

カイルンの旅芸人たちがなぜ旅に生きるのか。それは彼らが自分の居場所を、漂泊そのもの
の中に見出してしまったからだ。

4 メコンデルタは今日も雨だった

その日もまた、夕方になると黒い雲が空を被い、強い雨が落ちてきた。

「また今日も雨さ。帰ったほうがいいぞ」

さっきから神社のひさしの下に座っているステテコ姿の男の予言が適中した。彼はメコンデルタで活動しているカイルン一座の座長。カントーの町から一時間ほどバイクで走った、メコン川の支流沿いの集落に芝居幕を張っていた。

「昨日も雨、おとといも雨、その前も雨。もう五日も雨で公演ができねえよ」

そうぼやきながら、掘っ建て小屋の茶屋からカフェ・ダー（氷コーヒー）を注文する。中年の小太りな男だが、小さな、丸い、びっくりしたような目が淀みもなく毒気もなかった。どことなく無邪気で呑気で怠け者らしいその風貌は、いたく私をリラックスさせる。そして、カフェ・ダーを飲む姿を見ているうちに、だんだん羨ましくもなってきた。

「世の中は毎日うろちょろ働いてあくせく稼いで、だけどオイラはもう五日も働いてなくて、とりあえずボヤいてみたけど、たぶん今日もこれからイッパイひっかけちゃうんだもんね」

本当は違うのかもしれないが、そんなこと言ってる顔だった。

「なんだい、あんたユンリンを知ってるのかい、ハッ、ハッ。それじゃあ刑務所に入ったのも知ってるんだろ、ハッ、ハッ。若いネエーチャンと、あれで、これで、ハッ、ハッ」

さらに大声をあげて

「ああ、ああ、やっと出られたんだよなあ。そんで、うちの公演にも来てもらったんだよ。この間、ちょっとだけだけど」

この座長の言ったとおりだった。ユンリンは一年と少し服役して、その年のテト（旧正月）に仮出所となっていた。まだ自分の劇団の復活には至っていないが、カイルンの舞台に戻ってきていた。出所してから半年以上が経つ。その間ずっと、たった一人でいくつかの劇団を渡り歩いていた。偶然のことだったが、この一座もそのひとつだったらしい。

私も実は、少しだけサイゴンでユンリンに会っていた。

「とっくに離婚したよ」

なんとなく油気が抜けて小さく痩せたユンリンが久々に目の前に現れて、いきなり言った。

「次はファンランで、その次はカマウかな」

サイゴンの自宅にいるときは、彼は電気屋の店頭なんかで音響機器のキャンペーンに借り出され、歌っているそうだ。だけど、旅のどさ回りは相変わらず。この後は中南部のファンランに行って、そしてメコンデルタの町カマウ。やはりメコンデルタでこそ彼に会いたいと思って、少し先まわりして南に入り込んでいた。

「そうかい、あんたもユンリンに会ったのかい。ビックリしただろ、だいぶ痩せちまったからな」

「もう心配になるくらいに、別人かと思った」

「まあ、あいつは客が呼べる役者だから、すぐに自分の一座をつくるんじゃねーか。故郷に暮らせて、家族や友達と会えて、好きな歌を歌えるカイルンの仕事は、本当の自由がある。だから、あいつはカイルンを辞めやしねーよ」

そこはアメリカ帰りの元ボートピープルらしく、小太りのステテコ座長はなかなかエラそうな含蓄を込めて言い放った。

雨はまだ降り続いている。他の座員は神社のひさしの下に皆で座って、雨ざらしの舞台をボ〜と眺めていた。

「私はカイルンしかできないから」

旅の劇団たちは衰退の一途

舞台に戻ったユンリン

*

ベトナム最南の町カマウ。いつか彼らと来たこともあるミンハイの地にユンリンを訪ねたら、

「ここは田舎で、芝居をしている村までかなり遠いし、おまえに来てもらってもなあ……」

と、やんわりと自分が出演する舞台への直接来訪を嫌がった。雇われの身なので肩身がせまいのだろうか、その真意は分からない。でも、ここまで来て、それはないだろ。

「ヤオには会ったかい、クチの、覚えてるだろ、一番仲のよかった奴だ。チンは自分の実家に近いミンハイの劇団らしい。このあたりにいるな。ニャンは外国に行ったたって話を聞いた。レハン？　知らんけどサイゴンにいるだろう。あとはなあ……」

痩せたユンリンは笑顔になって、自分のことよりかつてのメンバーの消息を話してくれた。そこに行けば、それぞれに会えるからと言う。どうやら皆、諦めずに、辞めずに、旅芸人の暮らしをヨロヨロしながら続けているようだ。

当のユンリンもまた、やっぱり自分が居た旅芸人の場所に戻って来ていた。夜、こっそり観に行くと、ユンリンは星空が天幕のように覆う舞台にいて、生き生きと大きく歌っていた。なまじ舞台の熱と光線を一身に浴びたスターだから、役者稼業は忘れられないのかもしれない。それでも、劇団も仲間も家族さえも失って、現実とか将来とかをあらためて考えれば、カイルンの表舞台への復帰はよほど遠かったに違いない。しかし、メコンデルタの旅芸人は再び〝そ

こゞに体を浸し、根を張り、しっかりと漂い始めていた。

日本に帰ってしばらくすると、一通の英文の手紙が届いた。学校の先生をしているレハンの妹からだった。

「姉は先日、旅に出ました。また、カイルンで歌い始めています」

一瞬、尻がもぞもぞ痒くなるのを感じた。

漂えど沈まぬ人たちに――あとがきに代えて

きっと何年かしたら、ほとんど姿を消している人たちなのかもしれない。一九七五年にベトナム戦争が終わって四四年。経済発展の過渡期にあるベトナムの戦後は、かつての日本の様子とよく重ねられる。それに倣えば、本書に登場する旅芸人たちの行く末にしても、三文芝居のようなメコンデルタの日常にしても、やがて〝懐かしさ〟をともなって語られる風景へと押し込められるのだろう。

ベトナム南部。メコンデルタの旅芸人たちは自由でたくましく、ときに痛快な生きざまに見えた。しかし、どこか切ない。メコンデルタという生命力あふれる大地を駆け回りながら、なんだか儚《はかな》い。ひとところにこだわらないアウトローたちはカッコよく舞台で躍動し、そのすぐあと、次の村へと公演場所を移動するときには思いがけず弱々しい背中を見せ去る。

そんな彼らの旅の先に、どうしても付いて行きたいと思った。同性でも異性でも人を好きになるのに理由はない。好きになった人が好きなのである。合理的な説明はだれかがしてくれ。

偶然の遭遇に始まり、一九九〇年代後半からかれこれ二〇年、折に触れて大衆芸能「カイルン」の旅芸人一座とアジアの片隅を右往左往してきた。けれども、いまだにどうして自分がこの旅に惹かれたのか、いっこうに分かりゃしない。それどころか、旅芸人たちの姿は私に問いかける。

「仕事って何だい。自由って何だい。生きるって何だい。ところで、オマエはここで何をしてるんだ」と。

そして、漂いながらも沈むことなく旅を続ける彼らは、いつも「オレたちはこう生きている」と強烈な個性を見せつけてくる。

世界は狭くなり、もはやアジアに行くべき見知らぬ「フロンティア」はないとだれかが言った。だが、会うべき見知らぬ「フロンティア」はまだ山ほどある。アジアに息づく人間の「フロンティア」は、依然として手ぐすねを引いて待っている。旅をしろ、旅に出ろ、旅に来てオレたちに会え。そう繰り返し誘っているのである。

旅の空の下で出会った、あまたのメコンデルタの人たちに感謝。あまたの出会いを記したこの本を、世に出してくれたコモンズの大江正章さんにも感謝は尽きない。

二〇一九年四月

木村　聡

【著者紹介】

木村 聡（きむら さとる）

1965 年、東京都生まれ。フォトジャーナリスト。

新聞社勤務を経て、1994 年よりフリーランス。国内外のドキュメンタリー取材を中心に活動。

著作に、『ベトナムの食えない面々』（めこん、1997 年）、『千年の旅の民――〈ジプシー〉のゆくえ』（新泉社、2010 年）、『満腹の情景』（花伝社、2019 年）など。ホームページ www.pjkimura.net

メコンデルタの旅芸人

二〇一九年六月五日　初版発行

著　者　木村　聡
写真撮影　木村　聡
装　丁　小林義郎

発行者　大江正章
発行所　コモンズ
東京都新宿区西早稲田二-一六-一五-五〇三
TEL（〇三）六二六五-九六一七
FAX（〇三）六二六五-九六一八
振替　〇〇一一〇-五-四〇〇一二〇
info@commonsonline.co.jp
http://www.commonsonline.co.jp/

印刷・東京創文社／製本・東京美術紙工
乱丁・落丁はお取り替えいたします。
ISBN 978-4-86187-160-3 C 0095

＊好評の既刊書

＊好評の既刊書

ファストファッションはなぜ安い？
●伊藤和子　本体1500円＋税

自由貿易は私たちを幸せにするのか？
●上村雄彦・首藤信彦・内田聖子ほか　本体1500円＋税

カツオとかつお節の同時代史　ヒトは南へ、モノは北へ
●藤林泰・宮内泰介編著　本体2200円＋税

いつかロロサエの森で　東ティモール・ゼロからの出発
●南風島渉　本体2500円＋税

血と涙のナガランド　語ることを許されなかった民族の物語
●カカ・D・イラル著、南風島渉・木村真希子訳　本体2800円＋税

タブー　パキスタンの買春街で生きる女性たち
●フォージア・サイード著、太田まさこ監訳　本体3900円＋税

ぼくが歩いた東南アジア　島と海と森と
●村井吉敬　本体3000円＋税

アジアに架ける橋　ミャンマーで活躍するNGO
●新石正弘　本体1700円＋税

増補改訂版　**日本軍に棄てられた少女たち**　インドネシアの「慰安婦」悲話
●プラムディヤ・アナンタ・トゥール著、山田道隆訳／内海愛子解説　本体2800円＋税

＊好評の既刊書

協同で仕事をおこす 社会を変える生き方・働き方
●広井良典編著 本体1500円＋税

沖縄の米軍基地を「本土」で引き取る！ 市民からの提案
●「沖縄の米軍基地を『本土』で引き取る！」編集委員会編 本体900円＋税

市民の力で立憲民主主義を創る
●大河原雅子〈対談〉杉田敦、中野晃一、大江正章 本体700円＋税

学生のためのピース・ノート2
●堀芳枝編著、勝俣誠、川崎哲、高橋清貴、李泳采ほか 本体2100円＋税

21世紀の豊かさ 経済を変え、真の民主主義を創るために
●中野佳裕／ジャン＝ルイ・ラヴィルほか編 本体3300円＋税

脱成長の道 分かち合いの社会を創る
●勝俣誠／マルク・アンベール編著 本体1900円＋税

共生主義宣言 経済成長なき時代をどう生きるか
●西川潤／マルク・アンベール編 本体1800円＋税

清流に殉じた漁協組合長
●相川俊英 本体1600円＋税

ごみ収集という仕事 清掃車に乗って考えた地方自治
●藤井誠一郎 本体2200円＋税